Claus Recktenwald

Juckeldiduckel
Bonner Episoden

Herausgegeben
von David Eisermann

begleitet
von Thomas Grundmann

gestaltet
von Bernd Hagemann

Bouvier

- Mai 2008 bis Juni 2009 -

ISBN 978-3-416-03270-4

© Bouvier Verlag, Bonn 2009
Alle Rechte vorbehalten. Ohne ausdrückliche Genehmigung des Verlages ist es auch nicht gestattet, das Werk oder Teile daraus fotomechanisch zu vervielfältigen oder auf Datenträger aufzuzeichnen.
Gedruckt auf säurefreiem Papier

Vorwort des Herausgebers

Da geht einer durch die Welt, durch das Jahr, durch seine Stadt – und wir als Leser sind eingeladen, ihn zu begleiten. Beruflich und privat, mit Freunden und Familie. Auf Reisen durch Deutschland und Europa. Es sind ausgefüllte Tage. Doch man spürt gleich: die Arbeit wird nie zuviel. Alles wirkt beinahe leicht. Das Leben hat noch mehr zu bieten – und seien die verantwortungsvollen Aufgaben auch noch so weitgespannt. Ob auf dem Rückweg von Berlin oder Neapel – immer wieder führt „Juckeldiduckel" zurück in eine mittlere Großstadt im Rheinland, die sich ganz anders zeigt als andere Orte dieses Umfangs: Wirtschaft, Politik, Wissenschaft, Vereinte Nationen – das erscheint hier alles auf folgenreiche Weise miteinander verbunden. Eine Stadt der Kunst und der Musik obendrein, in der unser Gewährsmann und Berichterstatter im Lauf seiner Tage mühelos von einer in die andere Sphäre wechselt. So eine Innenansicht - stets geistreich und nicht selten witzig - ist ganz ungewöhnlich. Sie stammt von einem, der auf herausgehobener Position mitspielt. Der sich eben auskennt und dabei doch das Staunen nicht verlernt hat. Die schier unglaublichste Episode hätte auch unter der Überschrift erscheinen können: „Wie ich aus Versehen einmal beinahe Oberbürgermeister von Bonn geworden wäre, dann aber noch rechtzeitig davor bewahrt worden bin." Am eigenen Leibe erlebt hier ein Bonner Bürger mit, wie eine politische Partei einen Kandidaten für das Amt des Stadtoberhaupts sucht. Das Vorgehen gegenüber dem Kandidaten mutet ebenso tapsig wie verdruckst an, und die Karten werden stets dicht zur Brust gehalten. Zu dicht. Schnell bildet sich beim Lesen der Eindruck: das darf doch alles nicht wahr sein. Beruflicher und wirtschaftlicher Erfolg haben den Kandidaten unabhängig gemacht; wie geschaffen erscheint er so, um sich als engagierter Sachwalter seiner Mitbürger zu engagieren, denen er durch die Verwurzelung in der Stadt (die er wie kaum einer sonst kennt und versteht) verbunden ist. Doch für die Funktionäre spielt Qualifikation am Ende gar keine Rolle. Lieber gar kein Oberbürgermeister, als einer, der nicht tut, was sie ihm sagen. Und spätestens dann drängt sich mir der Gedanke auf: besser so. Ich habe bei dieser Lektüre großes Vergnügen empfunden. Ihnen, liebe Leserinnen und Leser, wird es nicht anders ergehen.

Bonn, 2. August 2009   David Eisermann

Erster Abschnitt / Juckeldiduckel III:

- ...und was machen wir jetzt hier?

Von: recktenwald@mobileemail
Gesendet: Donnerstag, 16. April 2009 08:05
An: Thomas Grundmann; Dr. David Eisermann; Ralf Schweigerer; Dr. Georg Gansen
Betreff: Leserquartett zu Juckeldiduckel III
- ...und was machen wir jetzt hier?

Liebes Leserquartett,

Tagebücher sind keine Literatur, das stammt von Marcel Reich-Ranicki. Der bekennt sich aber auch dazu, dass er die gerne liest - und schreibt. Sein literarisches Quartett soll deshalb zum Leserquartett mutieren, in das Ihr herzlich berufen seid. Die folgenden Juckeldiduckel-Lieferungen werden zwar unregelmäßiger eintreffen. Sie werden aber kommen. Hütet Euch mit Euren Reaktionen, für die gibt's wieder keinen Datenschutz.

Schönen Tag, Ihr Lieben,

Euer Claus

-----Original Message-----
From: recktenwald@mobileemail
Date: Wed, 15 Apr 2009 19:39
Subject: Juckeldiduckel III
- ...und was machen wir jetzt hier?

Anfang

Beim Leichenschmaus in einem Bonner Hotelrestaurant überkam es ihn. "Und was machen wir jetzt hier?" Diese Frage war selten gut. Ähnlich prägnant hatte er wenige Tage vorher in der ersten Sonne auf dem Münsterplatz seine frühere Vermieterin zitiert. "Eins müssen Sie wissen, Frauen sind nie schuld." Warum sich Eheleute trotzdem zanken und die Schuldfrage immer wieder stellen, man versteht es eigentlich nicht. Immerhin hat sich der Scheidungs-Gesetzgeber schon 1976 das Zerrüttungsprinzip als Antwort dazu einfallen lassen. Wie einsichtig, wenn auch langweilig.

Kurzweilig, so soll zumindest der Juckeldiduckel sein. Wofür ein solcher steht, erschließt sich bisher nur aus den beiden Vorstücken. Ansonsten mag die Beschreibung aus dem einschlägigen Waren- und Dienstleistungsverzeichnis beim Deutschen Patent- und Markenamt weiterhelfen: "Mobile Reiseberichterstattung und sonstige Dokumentationen aller Art." Die kommen zunächst in den "Handheld". Der BlackBerry als Speicher von und zu allen Informationen, überall und jederzeit. Diesmal leistet dabei die eingangs gestellte Frage des Herausgebers den Vorschub. Der treibt mich schon seit dem Fußweg zum Büro an. Los ging's hinter dem Hauptbahnhof mit Blick auf's Bristol.

Auch am Schreibtisch hört's nicht auf. Da erklärt mir mittags Google, "Zerrüttung hat vier Bedeutungen und 74 Synonyme". Katastophe, Untergang, Verfall und Zerfall bedeute es, Chaos, Niedergang und Ruin entspreche es. Es ist wie es ist, meint hingegen § 1565 BGB und stellt voran, "eine Ehe kann geschieden werden, wenn sie gescheitert ist". Das ist sie, "wenn die Lebensgemeinschaft der Ehegatten nicht mehr besteht und nicht erwartet werden kann, dass die Ehegatten sie wiederherstellen." Letzteres erscheint dann doch spannend. Muss man nichts mehr veranlassen oder doch noch etwas tun, damit das Scheitern auch tatsächlich eintritt? "Unwiderlegbar vermutet" wird das nach dem Folgeparagraphen erst, "wenn die Ehegatten seit drei Jahren getrennt leben" oder sich nach einjähriger Trennung einvernehmlich scheiden lassen. In der Praxis wird das den Parteien in den Mund gelegt und vom Familiengericht so protokolliert. Das alles unter dem Obersatz von Artikel 6 Absatz 1 Grundgesetz, "Ehe und Familie stehen unter dem besonderen Schutze der staatlichen Ordnung." Früher wurde der erst gelockert, wenn ein Schuldiger feststand, jetzt genügt schon der Fristablauf. Die Hoffnung ist da der Ahnung gewichen, dass wohl immer einer schuld ist, wenn's anders -angeblich- nicht mehr geht.

Eine Vorahnung davon, was uns in der Rechtspolitik sonst so droht, hatte erst die Zeitung von gestern gebracht. Der vorletzte Vizekanzler Müntefering propagiere jetzt sogar die Neuschreibung unseres Grundgesetzes, nach Wiedervereinigung und Internationalisierung, vielleicht auch im Lichte von Barack Obama. Als neuer Präsident der Vereinigten Staaten lässt der seit gestern selbst die Exilkubaner wieder Geld auf die Heimatinsel schicken. So viel Fortschrittsgeist beflügelt bei uns wohl nur den Stimmenzuwachs für die CDU bei der Bundestagswahl im Herbst 2009. Mir wäre da auch Jamaika recht, die gelben Liberalen und die Grünen auf schwarzem Grund. Warum nicht, ginge alles ohne Zerrüttung. Auch den Atomausstieg bekäme man irgendwie in den Griff. Seinen Befürwortern müsste lediglich erklärt werden, dass sich die Laufzeitverlängerung schon jetzt nur pro Kraftwerk und Einzelfall versteht.

Das Gegenteil von Zerrüttung ist der Zusammenhalt. Der kann sich ebenfalls schicksalhaft einstellen. Der SPD-OB-Kandidat etwa sucht ihn aber noch mit der Wahlkampfüberschrift "Zesamme stonn. Für Bonn." Auch das kann man gelten lassen. Warum das bei der CDU mit dem "packt's an" des dortigen Kandidaten eher nicht klappen dürfte, lässt sich bereits aus dem gleichnamigen Kapitel von Juckeldiduckel II herauslesen, dessen Manuskript jetzt immerhin druckfertig vorliegt. Dem Ausgang der Kommunalwahl greife ich aber auch hier nicht vor. Stattdessen widme ich mich lieber dem Zusammenhalt der Sozien meiner Kanzlei. Die bereiten sich gerade auf die nächste Tagung vor, diesmal in Neapel. Was die Partner und ich dann in der Vorjahresbesetzung aus Porto mit den beiden Neuzugängen erleben, unterliegt im Detail zwar erneut der Schweigepflicht. Ein wenig davon will ich aber doch berichten, zumal mir der Golf von Neapel mit Ischia eine Art zweite Heimat ist. Das gilt auch für die Gattin, die mich gerade auf dem Nachhauseweg herunterpfeift und zum Feierabend-Spaziergang über die Poppelsdorfer Allee ins frühere Audimäxchen einlädt. Kurze Pause also.

Von: recktenwald@mobileemail
Gesendet: Donnerstag, 16. April 2009 15:27
An: Leserquartett
Betreff: Juckeldiduckel III

Die Spuckmaschine

"Ich nehme die Berufung an! Einen schönen Tag, Georg". So hatte der Trauzeuge bereits um 9.04 Uhr, fast im Affekt reagiert. Freut mich, das Fieber breitet sich wieder aus. Anfangs raubte es mir sogar den Schlaf, weil in meinem Kopf noch der nächste Satz herumspukte, den ich um keinen Preis vergessen wollte. "Was die bereits erwähnte Suchmaschine zum obigen Versprecher ausspuckt, ist dann doch verblüffend." Das war's schon, eigentlich unspektakulär. Trotzdem nach dem ersten Gerichtstermin erstmal zur Geschäftsstelle des Bonner AnwaltVereins und von da schnell ins Netz. Da findet sich über Google immerhin ein "lonely-angel", Eva aus Bayern, die ihr Baby als "Spuckmaschine" vorstellt. Führt zwar irgendwie nicht weiter, wird aber doch eine Bedeutung haben. Vielleicht auch nur als Wink, die Aufzeichnungen direkt auszuspucken und der "sachbuch neu.dot" zuzuführen, die mir der mitlesende Verleger in weiser Voraussicht schon vor einiger Zeit auf den Büro-PC gespielt hat. Das tue ich sofort und freue mich auch über seinen frühen Morgengruß: "Vielen Dank für Deine wirklich plastischen Stimmungsbilder!" Ist zwar übertrieben, motiviert aber trotzdem. Nur Herausgeber David und ViVo Ralf, mein Freund und Stellvertreter im Vorstand des gerade besuchten Vereins, lassen noch auf sich warten. Sollen sie.

Von: recktenwald@mobileemail
Gesendet: Samstag, 18. April 2009 23:44
An: Leserquartett
Betreff: Juckeldiduckel III

Wie's weiter geht

Auch wenn der Flieger erst in einer Woche abhebt, das Mittelmeer rieche ich schon jetzt. Zunächst aber noch dem Leserquartett den Allen antworten-Modus erlauben, zumindest widerruflich. Ralf regt das aus dem im Garten abgeschlossenen Osterurlaub an, sein "OB's four"-Vorschlag oder sonstige Koseformen für die Mitlesertruppe prallen jedoch noch an mir ab. Der Kombikurs Küste-Motor-Binnen ist mir gerade wichtiger, den die rotarischen Freunde zum 50sten spendiert haben. Am 1.5. geht's damit los, im Marienburger Bootshaus. Nach sieben Theorietagen, neun Bötchenstunden und zwei Prüfungen soll es dann so weit sein. Endlich Skipper. Seit fast 10 Jahren wurden der und das "Boot" nur als Zeitschrift gelesen, von der Gattin halbjährlich im Dutzend zum Papiermüll getragen. Bald aber soll es der Hebel selbst sein, den der Autor auf den Tisch legt. Direkt nach Neapel geht das los, in der Yachtschule Germania.

Derweil antwortet auch David "aus dem extrem blütenreichen Bad Dürkheim". Er hatte dort noch "Mein Leben - Marcel Reich-Ranicki" und das angehängte Portrait im Ersten abgewartet. "Klingt gut - vor allem nach der Ausstrahlung gestern abend", schreibt er danach. Vielleicht hat mich tatsächlich Arte geweckt, wo TV-Biographie und Interview schon Karfreitag liefen. Semper aliquid haeret, heißt es ja.

Zuvor schon die zweite Nacht komisch verbracht. Da finde ich mich plötzlich auf fremdem Anwesen in unbekannter Begleitung, die mich ganz reizend umspielt, den Hausherren zum Trotz. Alles noch lieb und harmlos zwar, auch harmonisch. Zugleich aber doch beängstigend, was die Träume so alles mit einem anstellen.

Foul is fair and fair is foul, fallen mir dazu abends die drei Hexen ein, die Macbeth und den guten Banquo so verwirren. Roman Polanski hatte das zu meinem Abitur verfilmt, seither begeistert mich der Stoff, auch wenn die Lady am Schluss dem Wahnsinn verfällt. Das soll dem Juckeldiduckel nicht passieren, wird auch er von Geist, Strahlung und Materie bestimmt. Nur noch schnell "Shakespeares Sämtliche Werke" von Tante Methi greifen und in der Übersetzung von Ludwig Tieck dazu auch den ersten Auftritt der zweiten Hexe nachlesen: "Wenn der Wirrwarr stille schweigt, Wer der Sieger ist, sich zeigt."

Das ist mein Zeichen. Sich frei schreiben ist eine Sache. Unser Börsen- und Kapitalmarktwesen etwa knüpft seit der letzten Jahrtausendwende daran an und will nur noch Transparenz gelten lassen, um das verführte Aktionärspublikum zu schützen. Vom silbernen Reden zum Gold des Schweigens zu gelangen, ist aber eben auch reizvoll. Warum mich das beschäftigt? Weil ich schon seit letztem Herbst mit mir hadere, ob oder wann es nun "ein Gespräch, das niemals stattfunden hat", als Juckeldiduckel II im Buchhandel geben soll oder nicht. Noch könnte mich der Leser als "beleidigte Leberwurst" missverstehen, was ich nicht will. Er soll sich vielmehr mit mir über seine Stadt und einen witzigen Stoff freuen. Deshalb steht's für mich jetzt eigentlich fest: Wie ein guter Rotwein bleibt's besser doch noch etwas liegen und wird erst als gereifte Pastete veröffentlicht. Zudem kommt der letzte Teil vor'm Presseanhang raus und wird schon gleich präsentiert. Den Herausgeber wird's freuen, der fand von Anfang an, dass die auswärtige Sozietätstagung in der Bonner Kommunalpolitik nichts zu suchen hat. Hier aber passt sie, als Rückblick dahin, was uns jetzt erwartet. Dazu der Neapelteil von vor zwei Jahren als weitere Einstimmung. Damals hatte ich mich als "Burkhard Wald" versucht, also nur den zweiten Vornamen und den letzten Teil des Nachnamens bemüht, um einen neuen Reiseschriftsteller zu kreieren. Der kam zwar schon im ersten Juckeldiduckel vor, da aber etwas versteckt, auch wird der vergriffene Privatdruck bestimmt nicht mehr aufgelegt. Puh, jetzt ist mir wohler. Nur sein Vorwort müsste der Herausgeber noch umschreiben. Damit bekommt er den zeitlosen Juckeldiduckel II aber auf jeden vom ihm gewünschten Zeitpunkt. Das müsste eigentlich auch den Verleger freuen, zumal es die Produktion des laufenden Werkes beflügelt.

Laufendes fehlt hingegen im Rheinenergie-Stadion. Vor Kapitelabschluss trifft da noch der 1. FC Köln im Samstags-Heimspiel auf den VfB Stuttgart. Mit der zweiten Hälte des Leserquartetts erlebe ich das in der Business-Loge-Ost, wohin die FC-Geschäftsführung den Unternehmerfreund und seine SolarWorld-Organe zum Probegucken geladen hat. 0 : 3, es lief einfach nichts. Ob's anders wird, wenn Poldi aus Bayern wieder antritt? Dafür dürfen die allerdings nicht absteigen, sonst kommt auch der Bonner Sponsor nicht mehr.

Partnertagung in Porto

From: recktenwald@mobileemail
To: Kanzleipartner
Sent: Saturday, April 05, 2008 6:58 PM
Subject: Partnertagung vom 4. - 6.4.2008

Warum nicht 'mal 'ne Juckeldiduckel zum beruflichen Umfeld? Das ist die "Partner-schaf(f)t", die genau so gelebt wird und einmal jährlich an einem Billigfliegerziel tagt, möglichst mit etwas Sonne schon im April. Da gibt's dann einen Begrüßungsauftakt mit regelmäßig anstrengendem Ende an der Hotelbar, den Arbeitstag am Samstag und den meistens seichten Rückreiseausklang mit neuem Jahressprecher, am Vortag gewählt und ab der Rückkehr im Amt.

Heute geht's nach Porto, nicht Portofino und auch nicht Porto Cervo, sondern zur zweitgrößten Stadt Portugals, der gewesenen Kulturhauptstadt Europas. Wer fährt mit? Leider nicht die beiden ältesten, einerseits knapp unter und andererseits deutlich über 80jährigen Partner, die sich die Strapazen aus gesundheitlichen Gründen nicht mehr zumuten, vielleicht auch nur den anderen nicht zur Last fallen wollen. Da war der Gründer noch anders. Der fuhr bis zuletzt mit und ließ sich einfach bei Bedarf auch mal vom Jüngsten auf's Klo heben. Geht alles und bleibt sogar unvergessen. Die nun tagenden Sechs sind aber erst zwischen Ende dreißig und Anfang sechzig, im übrigen eigentlich grundverschieden und trotzdem als Mannschaft recht schlagkräftig. Auch hier bleibt das größte Glück aber doch die Übereinstimmung im Unausgesprochenen und der darin liegende Entspannungswert. Den zu erreichen, ist Ziel der Jahrestagung, hier allerdings ist die komprimierte Aussprache willkommen und gewollt.

04, so wird er als vierter Sozius der Kanzlei auch von seinen mitgekommenen Partnern 05, 07 (06 ist bei der offenen Aussprache einer Partnertagung abhanden gekommen), 15, 13 (seit 07 wird nicht mehr durchgezählt, auch ist 13 erst nach 15 Partner geworden) und 18 genannt, hat alles bestens organisiert und damit für ein Highlight seiner auslaufenden Sprecherperiode vorgesorgt.

Wir sitzen im Flieger, locker verteilt, fast privat. Ungewohnte Vormittagsmuße, 'mal kein hektisches Freitagsschaffen, statt dessen Zeitung- und Zeitschriftenlesen, im übrigen dösen. Ob wir so unverkrampft bleiben können? Hoffentlich!

Tanja heißt das Medium, seit 20 Jahren in Portugal, Mutter Slowenin, Vater Deutscher, in Rosenheim herangewachsen bis der dortige Schuhfabrikant den Vater und seine Familie mit nach Portugal zur Billigproduktion nahm. Schon nach dem zweiten weißen Portwein, den es zur Entschädigung für die noch nicht fertigen Zimmer im sehr netten Hotel gibt, wird sie auch noch attraktiv. Sie führt uns zunächst zum Mittagessen ins älteste Café, das Majestic in der Einkaufszone Santa Catharina. Danach machen wir unsere Panoramafahrt. Alles sehr gepflegt, klassisch bis modern. Tanja erzählt derweil von ihren Portugalerfahrungen einschließlich der rosenkranzbetenden Großmutter des ersten Freundes, die in Panik geriet, wenn Tanja das Großmutterbett in Besuchsnächten bisweilen für den hinterfragten Gang zur Toilette verließ.

24 Weingüter der britischen Familie Symington im gut 100 Kilometer langen Douro-Tal sind danach Thema in Graham's Portweinkellerei mit wunderbarem Blick über den Fluss zur Altstadt von Porto. Die zwei Stunden sind lehr- und leerreich, vom Verschnitt, "Tawny", bis zum "Vintage". Dass uns Domina Sabine aus Borken dabei hektisch als undisziplinierte Gruppe abhandelt, ist zu verkraften, auch wenn's Tanja ärgert und zur wohl verfangenden Abmahnung veranlasst.

Kurz noch einen Drink auf der Hotelterrasse, dann geht's zum Abendessen. Toll gelegenes, von Einheimischen bevölkertes Lokal mit typischen Gerichten und gutem Douro-Wein. Unser Kleinbusfahrer wartet bis elf, das Hotel ruft früher als sonst, auch macht die Bar schon um eins zu. Hätten die Portugiesen unsere

Sommerzeit, wäre es aber schon zwei. Mit den letzten Souvenirportweinfläschchen im Glas wird's aber auch noch etwas später.

Tag zwei, die Arbeit ruft. Rückblick: Neue Firmierung, Nominierung als beste mittelständische Wirtschaftskanzlei, gesteigerte Zahlen bei Umsatz und Berufsträgern, andererseits geschwundene Partnerkontakte im Tagesgeschäft und Defizite bei der zentralen Verwaltung eines stetig wachsenden Büros. Erwartung in die Partnerschaft: Rücksichtnahme, Verständnis und Bereitschaft zur wechselseitigen Kritik mit dem Ziel der freundschaftlichen Umarmung am Ende des Tages. Zukunft: Wer wird Partner und warum? Schwieriges Thema, für die beiden Kollegen in der Pipeline wird deshalb nun auch bei uns der Salary Partner geboren, den Rest, also den Equity Partner mit voller Gleichstellung sieht man später. Auch die Verbesserung der Partnerrente wird zunächst zurückgestellt. Schade. Dafür gibt es gute Beschlüsse zum Anwaltsnachwuchs einschließlich von dort zu leistender Orchideenpflege beim öffentlichen Auftragswesen.

Nach etwas zu mächtigem Mittagessen geht's mit der Raumplanung weiter, die jetzt für drei Etagen zu treffen ist. Wer zieht auf die freigewordene Notarebene und wie wird die gestaltet? Alles kein Problem, 18 und sein Beritt ziehen hoch, es wird sozietätsverträglich gelöst und kommuniziert. Nur bei der Stellplatzzuordnung knirscht es etwas, weil das Anciennitätsprinzip plötzlich nicht mehr gelten soll. Der Mittlere gibt nach, da's der Bewegung dient. Gut, so freuen sich eben die beiden Jüngeren über die alten Notarparkplätze im Hof. Zusätzlich ein generelles Rauchverbot im Büro diskutiert und für die nichtanwaltlichen Mitarbeiter auch beschlossen, ansonsten nur noch Organisatorisches und Strategisches wie weitere Profilschärfung, Werbung, Mitarbeiterplanung und Aufgabenzuweisung, zu guter letzt die Wahl des neuen Jahressprechers. 15 heißt der Glückliche, der macht sich sofort Gedanken zu Zeit und Ort der nächsten Partnertagung. Soll und muss er auch.

Ab jetzt heißt es wieder Entspannung. Dazu gehören ein kurzer Absacker vor dem Tagungsraum, das festliche Abendessen danach in der Oper, die morgige Schiffstour mit Tanja auf dem Douro und ... die Beendigung dieser Mail.

From: recktenwald@mobileemail
Sent: Thursday, August 16, 2007 5:56 PM
Subject: Burkhard Wald: "Urlaubseinstieg in Napoli"

Ein weiteres Jahr vorher

Mehr als 40 Jahre ist es her, dass ich die Beueler Eisdiele zum ersten Mal betreten habe. Irgendwie komisch, dieser 50er Jahre Charme, und doch ewig vertraut. Kleines Eis zu 25, Pfennig versteht sich, das war ein Bällchen in der Waffel. 5 Pfennig drauf, und die Waffel war auch noch "echt" und kross, ohne die künstliche Pressanmutung der billigeren. Zu 50 war die bessere Standard. Heute gibt's die zwei Bällchen für 1 Euro 20, was über die Jahre betrachtet eigentlich geht. Hier in Neapel jedoch gibt's am 13. August 2007 auf der Via Toledo erst ab 1 Euro 60 'was in die Waffel, das allerdings hat mehr Substanz. Also doch zufrieden, und die Gattin ist es auch, die das Dolomiteneis im Rheinland ohnehin schon seit Jahren nicht mehr schätzt. Zu wässrig, meint sie. Die Amis mit dem unaussprechlichen Modeeis der 80er sind's schuld. Mir egal.

Die geschwollenen Füße tragen uns hoch zum wunderbar lässigen Museo Archeologico Nazionale. Leider ist der Abgang hinter dem Farnesischen Stier zu den Ägyptern chiuso, dafür gibt's "Amber" als Beimischung. Ostseebernstein aus der ganzen Welt, ergänzt durch Bronze und andere Altmetalle. Die Sonderausstellung ist steigerungsfähig, deshalb guter Einstieg ist die ständige Sammlung. Deren Highlights kommen aus Pompeji und machen auch vor den Lupinaria, den seinerzeit angesagten Stellungsbildchen, nicht halt. Nett. Schnell ein Paar Fotos gemacht. Juckt keinen.

Dann die Pizzeria gesucht, die gemäß Führer den letzten Papst beliefert haben soll. Montags zu, anders als das Museum. Weiterlaufen heißt die Devise. Und siehe da, doch noch 'was nettes gefunden. So wie bei uns kriegen die das allerdings nicht hin. Zumindest satt hat die Pizza aber gemacht. Espresso? "No, café no", ist die Antwort, die wir in den nächsten Urlaubstagen noch häufiger hören werden. So wird es am Ankunftsabend nur noch eine Cola aus der Minibar. Trotzdem schöner Start.

Nach hier gestrichenem Privatexkurs am Morgen des Folgetags setzen wir unser Neapelprogramm mit zwei Stadtrundfahrten per Bus Richtung Pozzuoli und Capodimonte, Snack in Mergellina, Drink im Castel dell' Ovo und sehr leckerem Abendessen in Italienerkneipe mitten im Zentrum fort. An Tag drei wird dann Sorrento per Bahn mit Zwischenstopp in Pompeji auf der Rückfahrt abgehandelt und genossen. Wieder cena im centro, ohne café versteht sich. Stattdessen nochmal das Eis vom ersten Tag und zum Abschluß Tonic Water aus der Minibar. Domani ist Reisetag nach Ischia zum zweiwöchigen Erholungsurlaub. Die Fähre soll aber erst um 16.20 Uhr genommen werden, damit noch Funiculare, Vomero und Duomo, möglichst auch Mittagessen in Santa Lucia mit Bötchengucken untergebracht werden können.

Wir starten mit dem bescheiden und etwas zurückgesetzt, wenn auch mit leuchtender Marmorfassade in einer Häuserreihe auf uns wartenden Duomo. Der wird nach 25 Minuten, an Handelskammer, Hauptgebäude der ältesten weltlichen Universität Europas und Platz der Vier Paläste vorbei, erreicht. Der Fußmarsch wird mit großartiger und detailreicher Pracht belohnt. Hierhin sollte man sofort die Macher der Bonner Kunst- und Ausstellungshalle in Sachen Beleuchtung der dort häufig düsteren Exponate schicken. Nichts bleibt unerkannt. Über den Altaren im Haupt- und San Gennaro-Kappellentrakt gleißt sonnengelbes Licht auf uns zu. Dem wird über dem Hauptaltar durch 5 Sonnenfenster mit darunter strahlendem Friedenstaubenfenster inmitten einer Marmorgruppe aus Maria und einer Engelschar sowie von jeweils zwei schmucklos weißen Fenstersäulen daneben Einlass gewährt. Selbst die Krypta S. Gennaro unter dem Altar ist lichtdurchflutet. Transparenz, unser heutiges Modewort, findet hier seine perfekte Vorführung. Im Mittelschiff leuchtet es zusätzlich aus schlichten Milchglasfenstern von oben, auch zu den wertvollen Deckenmalereien. In der Cappella del Tresoro di S. Gennaro ist selbst das Fensterglas sonnengelb und im wahrsten Sinne des Wortes Oberlicht. In der Basilica S. Restituta linkerhand hingegen herrscht klassisches Tageslicht über die dortige Gemälde- und Figurenpracht, ohne die zusätzlich strahlenden Halogenspots der Gennaro-Kappelle, die da allerdings absolut erlaubt sind. Nur der Altar hüllt sich in würdigen Schatten.

Das Hotel ruft uns leider zurück, mittags Checkout und Koffer verstauen. Danach weiter zur Funiculare, nicht ohne am Schalter der CitySightseeing Napoli noch schnell die beiden Soundtrack-CDs zur roten und blauen Rundfahrt vom Vortag zu kaufen. Den Tausch von Versöhnungsgeschenken nennt das die Gattin, den eben angesprochenen Privatexkurs betreffend.

Oben auf dem Vomero angelangt, wissen wir, wo wir wohnten, wenn wir blieben. Der Venusberg von Neapel ist nur leider komplett geschlossen, so auch das aufgesuchte Castel Sant'Elmo. Immerhin kommen wir aber in den Park der Villa Floridiana. Dort genießen wir hinter dem geschlossenen Keramikmuseum vor der geschlossenen Caféterrasse einen wunderschönen Ausblick von Santa Lucia bis Mergelina. Zur Mitte dazwischen steigen wir über die Calata S. Francesco ab und belohnen uns dafür mit einer Taxifahrt, vorbei an Santa Lucia zum Hotel. Schnell die Koffer geholt und zum Beverello Snack gerollt. In einer Stunde legt hier das Schiff über Procida nach Casamicciola ab. Und das ist dann auch gut so.

Von: recktenwald@mobileemail
Gesendet: Donnerstag, 23. April 2009 08:35
An: Leserquartett
Betreff: Juckeldiduckel III

Zwischenstopp

So ein bisschen Neapel haben wir ja auch in Endenich. Da vermischt sich zumindest unser Müll bisweilen mit dem neapolitanischen. Die Bonner selbst lasten ihre Verbrennungsanlage nur noch zu einem Viertel aus, wollen sie aber nicht zurückbauen. "Der Abfall wird verbrannt und als Dampf nebenan bei den Stadtwerken in Stromenergie und Fernwärme verwandelt", schwärmt dazu noch die Kölnische Rundschau vom 23.12.2008. Bis Ende Februar sollten's dann 11.500 Tonnen werden, die in 12-Tonnen-Containern per Lastwagen anrollen. Diesmal halten wir's umgekehrt und kommen lieber selbst, die lieben Sozien mit TUIfly.

Davor summt's bei mir aber erst aus dem Mitleserkreis: "Claus, hau' rein und hüte dich vor zu viel Metaphern! Nicht den Rotwein zur Pastete machen! - Am Godesberger Rheinufer DAX-Vorstände auf Fahrrädern zu 700 Gramm und 12.000 Euro im sonntagnachmittäglichen Leistungsrausch zwischen Kommunionkindern und Spaziergängern. Weiß nicht, ob wieder alles gut wird. Georg"

"Metapher [grch., zu mataphérein »anderswohin tragen«] die, bildl. Ausdruck, der durch Bezeichnungsübertragung zw. ähnl. Gegenständen oder Erscheinungen hervorgerufen wird (z. B. »Das Gold ihrer Haare«)", hilft mir noch am Sonntagabend "Der Brockhaus" mit seinem neunten Band weiter. Auch zu Metaphorik heißt es nur, "Bez. für den anschauungs- und assoziationsreichen Sprachstil sowie für poet. Bildlichkeit." Genau da will ich doch hin, werde das Übermaßverbot aber fortan noch stärker beachten. Den Rest ordne ich dem gemeinsamen Vorstoß mit Georgs Doktorvater und unserem Unternehmerfreund zu, auf der kommenden Hauptversammlung des Börsenlieblings die Vorstandsvergütung auf das Zwanzigfache des durchschnittlichen Jahresgehalts im Konzern deckeln zu lassen. Das darf ich moderieren und gab's noch nie. Mehr als eine Million Euro braucht kein angestellter Manager im Jahr, ist dazu unser Bekenntnis. Da sind solche Fahrräder aber immer noch drin. Selbst für unsere DAX-Freunde also kein Grund zur Verzweiflung, fehlte denen auch die Dividende des Sonnenkönigs. Die aber hat der sich redlich verdient.

Zurück nach Kampanien, zu Süditaliens größter Stadt, gewesener Hauptstadt des Königreichs Neapel. Denkste?! Es ist Wochenbeginn. Gerade verteilt Partner Wolfgang das gelungene Tagungsprogramm, da startet Ralf schon um kurz nach zwei den Allen Antworten-Modus. Die Überlänge könnte zwar ein neues Buchprojekt erforderlich machen, der ViVo wird gleichwohl nicht gekürzt: "[Sie wurden auf CC gesetzt]
Liebe Inspiratoren unseres Hardy Forrest (internationaler als Burkhard Wald), lieber Claus Very- und Everhardy,
unser Hardy trinkt also doch nicht heimlich Wein und predigt öffentlich Wasser (Heinrich Heine: Deutschland ein Wintermärchen: „Ich kenne die Weise, ich kenne den Text,

    Ich kenn auch die Herren Verfasser;

    Ich weiß, sie tranken heimlich Wein

    Und predigten öffentlich Wasser."). Der Verfechter der Transparenz im öffentlichen wie privaten Leben schaltet den BB-Transmitter aus und erlaubt uns, unmittelbar zu kommunizieren. Glücksmomente durchfluten mich während ich diktiere. Aber auch bohrende Fragen beunruhigen mich: Wer wird meine Antworten zukünftig zielorientiert verwenden? Warum fallen keine Halbsätze mehr weg? Hat er mich noch lieb? Aus und vorbei. Spannend vor uns die Zukunft. Ändert die eingeführte Transparenz etwas am typischen Wald´schen Stil? Wird es eines Tages doch noch zur bis heute nicht erwünschten Namensgebung der versteckten Vier kommen? Erregung macht sich breit. Mehr als die Vergangenheit interessiert mich die Zukunft, denn in ihr gedenke ich zu leben. Mit besten Grüßen schließe ich diese erste offizielle Tranzparenzmail, Euer Ralf"

Tja, der darin enthaltene Zensurvorwurf ist schon begründet. Mir geht es ja auch um kein Sammelwerk, sondern genügt die punktuelle Befruchtung. Da bin ich nicht liberaler als der Tyrann des Literarischen Quartetts, der auf Seite 538 von "Mein Leben" auch zugibt: "Wird hier vereinfacht? Unentwegt. Ist das Ergebnis oberflächlich? Es ist sogar sehr oberflächlich."

Widmen wir uns nun aber wieder der Ist-Zeit und endlich der Oberfläche des Mittelmeers. Nein, doch erst auf den Rhein und zum Verleger: "Beim Motorbootführerschein, den ich in Bad Honnef gemacht habe, besonders lustig: Ankern im Strom! Freu' Dich drauf." Der spielt auch sehr gut Klavier, ist aber heute abend leider nicht dabei. Schade. Die Pianistin Gabriela Montero ließ 2007 nicht nur rund 2.000 Philharmonie-Besucher "M'r losse de Dom in Kölle" vorsingen, sondern kehrt jetzt sogar im Arithmeum ein, um dort, ein wenig auch von meiner Kanzlei gesponsort, ein ausgesuchtes Bonner Publikum und die Hörer der Deutschen Welle mit dem Cellisten Gautier Capuçon zu beglücken. Beeindruckend, dieses Naturtalent aus Caracas, am Sonntag wieder allein in Köln, zuvor sogar bei Obamas Einführung in Washington dabei. Bei uns bestätigt sie mit Prokofjew, Mendelssohn Bartholdy und Rachmaninow, nicht zuletzt aber mit ihrem Ausnahmepartner, wie gut traurig und schön harmonieren. "Sinnlicher Abend" wird die Zeitungsüberschrift zwei Tage später dazu lauten. Mit dem für die diskrete Mathematik stehenden Hausherrn, zugleich Erfinder des "concerto discreto", erlebt das auch unser Aktienrechtler aus dem Juridicum. Dem danke ich noch schnell für die Empfehlung des wissenschaftlichen Mitarbeiters, der am Mittwoch als Anwaltsnachwuchs bei uns vorspricht. Dazu passt es, dass sich auf dem Nachhauseweg noch ein ebenfalls BlackBerry-süchtiger Studiosuskamerad der letzten Ägyptenreise mit dem Bekenntnis meldet, "unser Herr Bernotat bekommt nach meinen Infos den Faktor 58 des durchschnittlichen Arbeitnehmers von E.on. Dein VV glänzt demnach im Sonnenlicht auch im Vergleich zu E.on." Unser mitlesender DAX-Mann, dem ich diesen Faktor offenbare, meint dazu tagsdrauf aus dem Backoffice seiner HV in der Frankfurter Jahrhunderthalle allerdings: "Eon hat hohe Durchschnittsgehälter, da kaum Arbeiter, Bernotat im letzten Jahr wohl das schlechteste seiner Karriere erlebt. Faktor 58 wahrscheinlich historische Ausnahme oder Falschrechnung."

Ich greif' das auf und mache noch am selben Tag bei Ernst & Young das angefragte Impulsreferat fest, "Von der Offenlegung zur Deckelung der Vorstandsvergütung". Bezahlt, versteht sich, für einen "Kaminabend" Ende September im Düsseldorfer Industrieclub. Davor noch ein Arbeitsessen mit dem Erfinder der Scheckkarte, die mich auch anwaltlich beschäftigt, ebenfalls in der Landeshauptstadt. Der entpuppt sich beim Nachtisch doch glatt als Intimus der Familie einer Freundin aus Berlin, bei dessen Vater gerade mein Bruder Heiko als dienstältester Referendar seine Anwaltsstation ableistet. Dazu lächelt mich vom Nebentisch Bonns angesagter Weingroßhändler aus größerer Runde an, auch Bernd hat's dienstlich ins "D-Vine" verschlagen. Wo sich die Wege überall so kreuzen. Fremdgeher sollten besser nur privat verkehren, beschleicht es mich.

Die Welt ist und bleibt eben winzig, in Bonn ohne Frage auch witzig. Da hatte der General-Anzeiger doch schon morgens gebracht, der ehemalige CDU-Schatzmeister Rüdiger van Dorp, der sich zuletzt zum OB-Kandidaten der Grünen bekannte, habe nach 25 Jahren das Parteihandtuch geworfen, sein Nachfolger Kaupert sei wegen anonymer Briefe und anwaltlicher Partnerschaft zum Kölner Skandalkollegen Bietmann in Dottendorfer Ungnade gefallen und der Kreis-Chef Voss, der gerade für Europa kandidiert, drohe dem Briefeschreiber mit einem Parteiausschlussverfahren, "falls ich den Namen herausbekomme". Der noch reifende Juckeldiduckel II wird auch das erhellen, nur Geduld. Vielleicht bekommen wir sogar Koblenzer Verhältnisse. Da habe der OB-Kandidat der SPD auch diese verlassen und sich einfach einer freien Wählergemeinschaft unterstellt, heißt es in den Radionachrichten. Man sei ja der Sache und keiner Partei verpflichtet, wie wahr. Die Dortmunder CDU hat deshalb direkt einen Parteilosen aufgestellt, meinen Kollegen im dortigen Vereinsvorsitz Pohlmann, den auch die FDP stützt. Was gibt es doch für Zufälle.

"Recht als Grenze - Grenze des Rechts", das hat mir Thomas als neueste Verlagsveröffentlichung noch ins Büro gebracht. Für

Neapel nehme ich's mir vor. Unser Vorzeigestaatsrechtler Josef Isensee hat es aus 15 Teilen zusammengesetzt. Den Zeitraum 1979 - 2009 deckt er damit ab. Von der Notwendigkeit der Grenze bis zur Philosophie des Festes spannt er den Bogen, interessantes Potpourri, auch ein Stück Bonn. Mit 324 Seiten nur eigentlich zu lang, wann soll ich denn da schreiben? Das tue ich vor der Abreise nur noch zu einem. Mein alter Lateinlehrer Dr. Hermann Josef Frings hat heute eine Fotokarte zu seinem "San-Marco-Leone-Brunnen" aus der Mozartstraße eingeworfen. Die Rückseite hat er mit Füller und frischer Schrift angereichert: "Gratias tibi ago, lieber Claus, Ihnen für das amüsante Buch, das ich mit Schmunzeln gelesen habe, und der ehrenvollen Widmung. Meine Grüße an Frau Susanne u. die Beethovenianer-Freunde! BONA VOTA Ihr alter Fr". Das rührt an. Unvergessen die "zwei" als Kladdeneintrag, weil ich in der Obertertia als erster mein Heft auf dem Tisch hatte, tatsächlich holte ich erst jetzt die Haus- als Schulaufgaben nach. Ebenso unwiederholbar die Verabschiedung von drei Störenfrieden in die Mittlere Reife: "Comes, Söns und Zimmer, die vergess' ich nimmer." Zu Ostern hatte mir seine Tochter Clara, deren junge Familie vor bald 10 Jahren in unsere alte Wohnung drei Häuser weiter gezogen ist, zwei Chronogramme auf das Jahr 2009 in den Briefkasten geworfen. Dafür gab's den ersten Juckeldiduckel mit seiner Schöpfung aus dem letzten Jahresbericht des Beethoven-Gymnasiums zurück. "Omnis agit sua dona dies", jeder Tag hat seine Geschenke.

Von: recktenwald@mobileemail
Gesendet: Sonntag, 26. April 2009 10:15
An: Leserquartett; Sozien
Betreff: Juckeldiduckel III

Jahreswechsel im April

Die Erfindung des Jahressprechers vor acht Jahren bedingt seither dessen regelmäßige Neuwahl. Von Porto wissen wir, was davor liegt. Das ist in Neapel nicht anders. Hier könnte ich mir allerdings sogar vorstellen, selbst ein "Studio Legale"-Schild 'rauszuhängen. Immerhin hat einer unserer jüngeren Kollegen gerade eine Italienerin geheiratet, die da auch noch verwurzelt ist. In Deutschland, wo es beim Betreten der Haydnstraße 6:08 Uhr ist, vertreibt sie italienische Spitzenküchen.

Ich schlendere die Lisztstraße herunter, von Vogelgezwitscher aufgeheitert, und besteige die neue "SB 60", den Bus zum Flughafen, der das planmäßig in 24 Minuten schafft. Was hat die letzte Umstellung des Bonner Bus- und Bahnverkehrs doch für Wogen geschlagen. Fast täglich waren da Leserbriefe von aufgebrachten Bürgern zu finden, die ihre Linie nicht mehr fanden oder verstehen wollten. In der Tat war das wohl eher unsinniger Aktionismus, der leider auch noch auf das Niveau unserer Tageszeitung durchschlug. Die aber liegt jetzt immerhin umsonst im Bus. 1,10 Euro gespart, bei einem Fahrpreis von 6,50 Euro und nur fünf Mitfahrern ist das doch 'was.

Im vollen Flieger heben wir um zwanzig vor acht ab, den Reiseführer der Süddeutschen ("ein perfektes Wochenende in ...") und ein "Skipper"-Heft später sind wir fast da. Noch schnell ein letztes Stück Bonn, das zum Druckausgleich im Sinkflug gereichte Haribo-"Fruchtgummi" gekaut, und schon steigen wir aus. Natürlich sind auch im wunderbar gelegenen San Francesco al Monte die Zimmer noch nicht fertig, der Welcomedrink auf der Terrasse im vierten Stock und der Blick vom Dachgarten im siebten von Ischia über Capri bis Sorrent entschädigen jedoch für alles. Mittagessen in der Marina von Santa Lucia auf Tuchfühlung mit einer neben uns liegenden Fratelli Aprea 750, die ich sofort nähme, und danach Stadtrundfahrt mit Adriana. Die und Carmine fahren mit ihrem 16-Sitzer zunächst die Punkte ab, die wir schon aus dem vorletzten Kapitel kennen. Neu ist aber der neapolitanische Herrenausstatter Hintze vom Blumenmarkt, der hier "Marinella" heißt und uns in einen Krawattenkaufrausch versetzt. Das sind wir dem Laden allerdings auch schuldig, allein der Kreuzfahrttourismus sei in Sachen Finanzkrise zu 40 % weggebrochen. Das Jolly heißt seit vorgestern NH-Ambassador, auch das ist neu, unverändert aber die Tatsache, dass dieses "Familienhotel" aus Sizilien auch noch als Spanier komplett baurechtswidrig in den Himmel der Innenstadt ragt, ähnlich störend wie unser Stadthaus.

Morgens noch gewitzelt, ob einem lässig im T-Shirt unter'm Pulli erschienenen Partner nicht ein Hemdenladen gut täte, stelle ich abends fest, dass ich außer dem Polohemd am Körper nichts eingepackt habe. Also keine Ruhestunde bis zur Trattoria, sondern wieder zurück und zu Fuß runter in die Stadt. Das war allerdings klasse. Schmale Gassen, verkommene Häuser, schmuddelige Kinder, fröhliches Lachen, immer Autos und Vespas dazwischen, quirliges Allerlei, kaputt und pulsierend zugleich. Sehr belebend jedenfalls, auch irgendwie idyllisch. Als käme der Urknall hierher oder hierhin zurück. Wer weiß schon, was es mit dem allgegenwärtigen Vulkan wirklich auf sich hat. Ganz anders die beiden Oberhemden in einem Minishop der Via G. Serra, einer Art Florentiusgraben. Beste Qualität, Cromwell heißt der Schneider, auch Allegri-Regenmäntel gibt's, der blaue ist aber leider zu klein. Hoffentlich bedeutet 43 auch hier noch etwas Platz am Hals. Sonst wären die 160 Euro doch zu teuer. Die musste ich in bar dalassen, nachdem die Kreditkarte zwei- und die Scheckkarte dreimal nicht ging. Fünfmal abgebucht? Der Verkäufer war nett und flippig, etwas wie Friedel Drautzburg, unser Promiwirt im Berliner StäV, der ständigen Vertretung am Schiffbauerdamm. Der hat in Bonn lange das Gambrinus betrieben, das es auch hier gibt und uns nach dem netten Abendessen im Zentrum zum Absacker verführt. Danach bis viertel nach zwei die Minibar geplündert und auf der Hotelterrasse im jüngeren Kreis, von dem ich auf einmal der Älteste bin, gemeinsam geleert. Morgens das Frühstück geschwänzt und lieber aus dem Bad mit Blick auf den Vesuv bis hier gejuckelt. Dafür unterlasse ich das gleich bei der Tagessitzung, in Porto hat das doch sehr gestört.

Abends geht's wieder zu Fuß los und von der zweiten Station der Bergbahn Funiculare auf den Vomero. Wir haben unser Arbeitspensum geschafft, im wesentlichen harmonisch, nachmittags allerdings durch zu üppiges Mittagessen etwas gelähmt. Zur Belohnung für die abgehakte Tagesordnung gibt's erneut zu essen, sehr ordentlich, auch die Getränke, im netten Grottenrestaurant mit viel zu viel Grappa. Der steht zum Schluss zwar nur mit 8 mal 2 Euro auf der Rechnung, davor aber zu lange als Flasche auf dem Tisch. Nach Talfahrt in die Altstadt wird das allerdings noch schlimmer. Zum Ibizabeat knubbeln sich da vor'm "S'move" lauter schöne Menschen in Trauben mit Drinks und Bierflaschen in der Hand. Letztere organisiert der partnerschaftliche Neuzugang zum Einstand bis es einfach nicht mehr geht. "Bauch von Neapel" fällt dem ansonsten für Rotwein zuständigen Jahressprecher dazu noch am letzten Tag seiner Amtsperiode bierseelig ein. Dafür fallen leider die Katakomben um neun an der Piazza San Gaetano weg, von denen ich eigentlich zuhause erzählen sollte. Gut, man kann nicht alles haben, wir kommen aber ja in zwei Monaten schon wieder privat zurück, wenn auch mit Schwerpunkt Ischia und San Vito. Der Heilige wird da alljährlich zum 15. Juni verehrt, was eine Woche lang dauert und von Feuerwerken über Konzerte bis zur Abschlussprozession reicht. Bene. Dann geht's auch für einen Tag nach Capri. Dazu fällt mir jetzt "Caprese" ein. Den und seinen "Mozzarella di Buffale" haben wir hier im Übermaß als Vor- und Hauptspeisenbestandteil jeder Art genossen. Auch auf der "Frühstücks"-Pizza vor'm Abflug wird er sich wiederfinden. Abends im Büro will ich ihm dann noch ein kurzes Kapitel widmen. Susanne ist in Berlin, der Schreibtisch voll, da darf der Sonntag ruhig so ausklingen. Das Anschlussprodukt kostet mich allerdings nur wenig Zeit. Es ist nämlich schon im letzten August als Auftragsproduktion für die Lokalzeitung entstanden, die das dann aber nicht mehr brachte, weil man die Serie "mein Lieblingsgericht" lieber eingestellt hat. Die Leute, die dafür noch in Betracht kamen, wurden wohl zu unbedeutend. Dafür genügt gleich ein

Klick auf den Archivordner. Auch gut. Zunächst aber auf "Senden" drücken, damit ich endlich duschen und das Hotelzimmer zum Aufbruch verlassen kann. Die 10 Uhr-Glocken läuten zum Kirchgang, den will ich durch einen letzten ausgedehnten Blick in den Golf von Neapel ersetzen, bevor zum Abschied die Kult-Pizzeria Brandi angesteuert wird.

From: recktenwald@mobileemail
Date: Thu, 7 Aug 2008 22:49:23
To: Lokalzeitung

Mein Lieblingsgericht?

Nach getaner Arbeit ganz klar Caprese. Leckerer Büffelmozzarella aus der Gegend um Neapel mit Tomatenscheiben aus der Biotheke im Supermarkt, gutes Olivenöl und Balsamico vom Dreieck in der Innenstadt, Kapern und Pfefferkörner aus dem Kühlschrank, darüber noch Salz und Pfeffer aus der Mühle und schließlich Basilikum von der Terrasse. Das ganze ist in fünf Minuten fertig, und zwar vom Meister selbst gezaubert, der alles, nur nicht kochen kann. Dazu ein Glas Rotwein und ein gutes Gespräch mit der Gattin. Das klingt vielleicht nicht so spannend, ist aber ebenso lecker wie locker und insbesondere geeignet, den vor dem 50sten Geburtstag stehenden Körper wieder etwas zu straffen.

Dazu habe ich zur Jahreswende mein persönliches Schockerlebnis gehabt. Die Waage zeigte erstmals 99 Kilo, das ging nun gar nicht. Weiß ich doch von meinen engsten Freunden, wie ungeniert es sich über 100 Kilogramm Kampfgewicht lebt, so wollte ich selbst diese Schallmauer keinesfalls überschreiten. Das war und ist meine natürliche Hemmschwelle, in der Tierwelt wäre das wohl die Beißhemmung. Also "uHu" (unter Hundert) bleiben und die Ernährung 'mal etwas umstellen, war mir schlagartig klar, zumal ich mit einssiebenundachtzig bis zur Aufgabe des Rauchens jahrelang 87 Kilo gewogen hatte. Ein Freund und Kollege war da mein Retter. Der hatte gerade von einem Mandanten das "Schlank im Schlaf"-Buch bekommen und mir davon vorgeschwärmt. Alles ganz einfach, insbesondere keine Diät, sondern reine Umstellung, hieß es da. Das klang doch gut. Dazu hatte ich noch eine NDR-Talkshow im Kopf, bei der einmal ein Moderator berichtet hatte, wie sehr er beim Heben des ersten Enkels, der so um 10 Kilo wog, geschwitzt hatte, als der zur Tochter in die vierte Etage getragen werden musste. Das habe ihn, seinerzeit auch noch übergewichtig, bewogen, 10 Kilo abzunehmen. Das wollte ich jetzt auch. Um es vorweg zu nehmen, es ist mit Caprese & Co. in keinem halben Jahr genau das gewollte Dutzend Kilo geworden. Trennkost sei Dank.

Wie das geht? Ganz einfach: Morgens Kohlenhydrate ohne Eiweiß und Fette, also Brötchen bis zum Abwinken mit Marmelade, Honig und sogar Nutella, selbst Butter da drunter geht. Nur keine Milch in den Kaffee, hab' ich sowieso noch nie gemacht, und auch keine Wurst oder Käse auf's Brot. Ebenfalls kein Ei dazu, allenfalls das ärgert die bessere Hälfte schon 'mal, allerdings auch nur am Wochenende. Dann, und das ist es wohl, fünf Stunden nichts, auch keine gesüßten Getränke oder die früher gerne genommene Elf Uhr-Frikadelle beim Bäcker am Bertha-von-Suttner-Platz. Statt dessen Wasser und Kaffee. Null Problem, um ehrlich zu sein. Dann endlich Mittagessen, etwas, das der abgelenkte Anwalt eher verlernt hatte. Um so schöner, damit wieder anzufangen. Auf einmal erschließt sich einem die ganze Innenstadtgastronomie mit seinen günstigen und vielseitigen Mittagsangeboten. Alles ist erlaubt, auch der Nachtisch und die übersüßte Cola davor. Danach heißt es aber wieder Entzug. Fünf Stunden bis zur kohlenhydratfreien Abendmahlzeit. Hier sind jetzt Eiweiß und Fett erlaubt, allerdings auch nur, also etwa Leberkäse mit Spiegelei, nicht aber die sonst so geschätzten drei Ps (Pizza, Pane, Penne), die abends fortan allein der Gattin vorbehalten sind. Die hat's mit ihrer sportlichen Figur aber auch deutlich leichter. Gut, der Anwalt kommt ohnehin spät nach hause, dann haben sich die Kohlenhydrate da schon erledigt. Danach eben nur für mich ... Caprese, wunderbar. Auch Käseplatte oder Lachsscheiben mit Paprika können's schon 'mal sein. Immer aber, und das stimmt, ist's köstlich. Das auch deshalb, weil diese Art der Abfolge stets die Gewissheit lässt, dass wieder "bessere Zeiten" kommen. So dürfte ich schon morgens auch Spagetti essen, mache ich aber erst mittags, oder das gute Baguette genießen, was ich tue.

Des Rätsels Lösung sei die Beschränkung der Ausschüttung von Insulin. Das verhindere bei Fett und Eiweiß den Abbau, wenn die Bauchspeicheldrüse es produziere. Das aber passiere nur, wenn man Kohlenhydrate zu sich nehme, die zu Zucker gemacht werden müssten. Den brauche der Kopf, dem Fett und Eiweiß einerlei seien. Also morgens Hirnnahrung, mittags von allem etwas und abends Entzug für die Bauchspeicheldrüse. Das auch in den jeweils fünf Mußestunden zwischen den Mahlzeiten.

Wenn zur Zeitungsreihe Lieblingsgericht sonst eher Kochprofis der Region zu Wort kommen, will ich mich hier auf die Tugend der bewussten Ernährung beschränken. Einer unserer bekanntesten Spitzenköche, Stephan Steinheuer aus Heppingen, war es dann allerdings, der mir auf dem Karnevalswagen beim diesjährigen Rosenmontagszug noch anvertraute, das ganze funktioniere auch mit trockenen Weinen. Das stimmt tatsächlich, und nicht nur bei keinen Mengen. Dafür habe ich seit Aschermittwoch kein Bier mehr getrunken. Ob die gepurzelten Pfunde daran liegen? Weiberfastnacht werde ich jedenfalls wieder sündigen.

Von: recktenwald@mobileemail
Gesendet: Montag, 27. April 2009 14:50
An: Leserquartett
Betreff: Juckeldiduckel III

Gebremster Schaum

Ralf hat ganz recht. Auch im Weiterleiten-Modus kommt er deshalb wieder ungekürzt zu Wort. Die Geschichte wird zu beliebig und glatt, im Zweifel auch geschwätzig. Also lieber doch erst den nächsten Affektsturm auf den Handheld abwarten und kein seichtes Getippe mehr dazwischen. Der staut sich bestimmt wieder auf. Auch den Weg dorthin bekommen wir irgendwie gepflastert, versprochen.

-----Original Message-----
From: Ralf Schweigerer
Date: Mon, 27 Apr 2009 09:52:11
To: recktenwald@mobileemail
Subject: AW: Jahreswechsel im April

Lieber Claus,

ein Reisebericht in alter, traditioneller Form, vermisse nur ein wenig die pointierten kleinen Spitzen, die alles so wunderbar würzen und dem ganzen erst die perfekte Abrundung verschaffen. Ging es Dir nicht gut, oder zu gut, oder hat der italienische Rotwein eine Altersmilde in Dir aufgekocht?

Im Übrigen kommen die Juckeldiduckels inzwischen trotz immenser Reiseanstrengung des Autors in einer Schlagzahl, dass es dem Kommentator Angst und Bange wird. Der Autor ist (trägt er ob seiner Reisegeschwindigkeit und Frequenz inzwischen eigentlich den Genscher´schen gelben Pollunder?) bereits wieder zurück, bevor der Kommentator reagieren kann.

Der angesprochene Welcomedrink wäre bei mir angesichts der Location - "LA TERRAZZA DEI BARBANTI" (davon gehe ich nach einem Besuch der Internetseite des Hotels aus) ? - zu einem Sundowner geworden, unglaublich. Neapel ist zum Muss geworden. Erwarte Fotos in Kürze, dazu persönlichen Bericht, eventuell bei einer gemeinsamen Mittagspizza (ohne Büffelmozzarella).

Grüße

Ralf

Von: recktenwald@mobileemail
Gesendet: Samstag, 2. Mai 2009 09:33
An: Leserquartett
Betreff: Juckeldiduckel III

Kommunalpolitisches Frühstück

"Sie kann es einfach nicht lassen", fällt mir mein Vater ein. "Das ewige Schulmeistern", grummelte er manchmal hinterher. Auch ich wollte es eigentlich lassen, es geht aber einfach nicht. Zu aufkratzend, diese CDU-Gestalten vom Vortag. War ja nett, dass die mich über einen Club-Freund, der dann auch der Beste war, zum "kommunalpolitischen Frühstück mit der Bonner Wirtschaft" ins Maritim geladen hatten. Die da präsentierte Schau im übrigen war aber schlichtweg furchtbar. So aufgeschlossen die Gäste auch blieben, die durchaus vorzeigbar um den Tisch saßen, so unbefriedigend das Ergebnis, das der OB-Kandidat mit den Vorstands- und Fraktionsleuten neben sich zeigte. Die verband noch nicht einmal etwas. Das geht schief, keine Mannschaft, kein Steuermann, kein Kapitän, keine Fahrrinne. Zwar war die Agenda von der Südüberbauung vor dem Bahnhof über den Sparkassenabriss und die Stadtwerke bis zum Festspielhaus nicht uninteressant. Es gab jedoch keinen einzigen kreativen Ansatz aus der Vortragstruppe. Die übte sich vielmehr in Selbstmitleid, sei es wegen der als Wirtschaftskrise verkannten Finanzmarktkrise, sei es beim internationalen Kongresszentrum. Zu letzterem wurde zwar immerhin Klartext gesprochen - das ist ja schon 'was. Nach außen will man aber nur mitvertuschen, zumindest bis zur Fertigstellung. Trübe Tassen, so leid es mir tut. Dabei wären die Statements so einfach. Dass in jeder Krise eine Chance liegt, bringt schon der erste Gastbeitrag. Ich schleudere noch meine Wahlkampfthesen hinterher: Das Bahnhofsgrundstück kaufen und selbst bebauen, die Stadtwerke vom Hafen befreien, ggf. eine Marina draus machen, und das Beethoven-Festspielhaus auf Fernost und ein Weltpublikum trimmen, hilfsweise ins Kongresszentrum integrieren.

Der Gästekreis ist sich schnell einig, leider wohl auch darüber, dass es verlorene Liebesmüh' ist. Die freie Wählerliste rückt mir immer näher. Selbst Bürgerwehr kommt mir als Schlagwort in den Sinn. Bequemlichkeit wird's aber werden. Am Tag der Arbeit folge ich da doch lieber dem Ruf des Marienburger Bootshauses. Die nötige Stärkung dazu hole ich mir an der Geburtstagstafel der Herausgebergattin im Königswinterer Weinhaus Piper. Dahin schon mal den bisherigen Text im Ausdruck mitgebracht, jetzt aber schnell noch die drei neuen Knoten zuende üben. Achtknoten, Kreuzknoten und einfachen Schotstek, die muss ich gleich vormachen.

------ SMS ------
Von: Herausgebergattin
Gesendet: 1. Mai 2009 13:19
Betreff: Bisheriger Text

Lieber Claus, habe deinen Text auf dem Balkon in einem Rutsch gelesen und mich prächtig amüsiert. Ich finde ihn anspielungsreich, witzig und irgendwie dekonstruiert, wie der Literaturwissenschaftler schon mal sagt - und das ist etwas Gutes! Liebe Grüße auch an Susanne von Regine

-----Original Message-----
From: schweigerer@mobileemail
Date: Sat, 2 May 2009 07:46:42
To: Allen Antworten
Subject: AW: Kommunalpol. Frühstück

Lieber Claus,

Jaaaaaaaaa, so liebe ich Deine Juckeldiduckels. Weiter so!
Amüsiere mich weniger im aktuellen Seminar des Gewerbemietrechtlers Dr. Leo (der versucht hier einen auf lustigen Kölschen zu machen), denn über Deine spritzige Beobachtung.

Weiterhin Attacke, viel Vergnügen in Köln und Dir und Susanne ein schönes Maiwochenende.

Aus Würzburg Deda und Ralf

-----Original Message-----
From: Georg Gansen
Date: Sat, 2 May 2009 10:58:52
Subject: AW: Juckeldiduckel III

Grüße von den Römern. Haben Gabris neue Villa Via Massimi besichtigt und fahren jetzt St Stefano Bötchen fahren.

Gruß, Georg

Von: recktenwald@mobileemail
Gesendet: Sonntag, 24. Mai 2009 01:37
An: Leserquartett
Betreff: Juckeldiduckel III

Moselreise

"Am 23. Mai 1949 trat das Grundgesetz in Kraft. Was ist in sechs Jahrzehnten aus dem Land geworden?", überschreibt etwa die Frankfurter Rundschau ihre Sonderausgabe vom Vortag. Wir, überwiegend älter, schauen uns das am 60. Geburtstag lieber selbst an, und zwar im Nachbarland Rheinland-Pfalz. Da bekräftigen wir die deutsch-französiche Freundschaft zwischen den Rotary Clubs Rouen-Rouvray und Bonn-Rheinbrücke mit einer Moselreise. So hat's der Internationale zuletzt genannt, als er uns per Rundmail noch die Teilnehmer zurief. Wir stellen mit 18 zu 14 die Mehrheit, prima Verhältnis, das "serve above us" auch sprachlich auszuleben. Ich diene dem Serviceclub dabei als Schreiberling für den Wochenbericht.

Los geht's kurz nach elf im Königshof. Dort nächtigen die französischen Freunde wieder, nachdem sie den Begrüßungsabend an drei Bonner Esszimmertischen verbracht haben. Programmgemäß starten wir mit ihnen eine halbe Stunde später an der "Reisebushaltestelle Hofgartenwiese" in Richtung Maria Laach - natürlich vorbei am Museum König, dem Ausgangspunkt von 40 plus 20 Jahre Bundesrepublik. Dazwischen liegen 50 Jahre RC Rouen Rouvray, auch darauf können wir heute anstoßen. Allerdings gibt's da etwas Sand im Feiergetriebe, erfahren wir später. Nicht bei uns. Dazu stellt der Internationale noch die Tagesordnung und sein designierter Nachfolger die Hintergründe der Bundespräsidentenwahl vor, im Bus und jeweils auf Französisch, versteht sich.

Das "santé" schließt sich beim Mittagsimbiss an, im Seehotel am Laacher See. Gar nicht so voll, selbst um halb eins, für manchen keine drei Stunden nach dem Frühstück. Trotzdem war es klug, schon zwei Wochen vorher die individuelle Menüzusammenstellung vorzunehmen. Die führt beim Berichterstatter zu Tomatensuppe, Kasseler in Blätterteig und Obstsalat, vielleicht doch etwas zu mächtig. Danach geht's auf eine Stunde nach Bernkastel. Im Bus dorthin hören wir noch, dass der Notar vor über 40 und der Chemieprofessor vor 39 Jahren in der heute aber weggelassenen Klosterkrypta geheiratet haben. Der Präsident punktet zusätzlich mit der Information, dass Horst Köhler es im ersten Wahlgang mit einer Stimme zuviel geschafft habe, was der Internationale sogleich durch's Mikro verkündet und die RPR-Nachrichten um drei bestätigen.

Wir sind nicht allein, in Bernkastel-Kues, der sich gegenüberliegenden Moselstadt der Rebe und des Weins, wie es Stadtführer Hermann Reiter der deutschen Fraktion erklärt. Die französische zieht mit eigener Führerin von dannen, unser Incoming President dolmetscht. Netter Rundgang mit Endstation am wunderschönen Markt, der allein die Reise wert ist. Erst danach kommt es zur Wiedervereinigung im Bus zum fast 330 Jahre alten Weingut Max Ferd. Richter in Mülheim. Auch Nikolaus von Kues, dort nicht nur mit dem Cusanus-Stift verewigt, war Sohn eines Winzers und Schiffers, erfahren wir vorher. Unser Präsident toppt das als früherer VfL-Vizepräsident mit dem Ausruf, dass nun auch Wolfsburg gegen Bremen kurz vor'm Abpfiff vier zu eins führt und damit deutscher Meister wird.

Schieferbruchsteine, hochgemauert, ein beeindruckendes Anwesen. Der Hausherr, Freund vom RC Mittelmosel-Wittlich, begrüßt uns mit Nadel und Badge. Das "Kontakttreffen" unserer Clubs steht dann auch über der Weinkarte, die mit einem Weissburgunder beginnt und 10 (!) Flaschen Riesling folgen lässt, von der Spät- über die Auslese zu Selection, Kabinett und Eiswein. Gattin und Sohn servieren, der Vater erklärt auf französisch. Man versteht zwar nicht alles. Das liegt aber nur daran, dass wir zu unruhig sind, wir müssen uns ja auch noch freundschaftlich zuprosten, auf der Weinprobe im etwas schmucklosen Saal. Zunehmend gelöste Gespräche bei schmackhaftem Wein. Die französischen Freunde wollten den Riesling von der Mosel kennenlernen, das haben sie gründlich getan. Für mich bleibt die trockene 2007er Mülheimer

Sonnenlay Auslese Gewinner, die Nr. 3, schnell 12 mal bestellt. Danach wurde es zunehmend indifferent und kräftig. Ob's daran lag, dass ich den Wein zum Körper und kein einziges Mal in den Restebehälter gekippt habe? Immerhin wurde früher an der Mosel sogar medizinisch mit Wein behandelt, wissen wir noch von Herrn Reiter.

Nebenan ruft um sieben das "Weinromantikhotel Richtershof" zum gesetzten "festlichen Abendessen" an 5 Tischen. Erst aber noch den Stehempfang vor'm Landhaus, sehr gelungen, auch der Rieslingsekt. Da komme ich bestimmt wieder hin. Wir dürfen casual bleiben, was der Festlichkeit keinen Abbruch tut. Der Hotelchef ist wie sein Nachbar Rotarier und begrüßt uns freundschaftlich zum vierspännigen Menü mit drei Weinempfehlungen, natürlich jeweils Riesling. Ich nehme "meinen", der mir jetzt aber deutlich zu sauer wird. Ärgerlich, ich hatte 5 Euro verstanden und lese dann 15. Vielleicht hätten's doch 6 Flaschen getan, egal.

Um zehn vor neun erklärt der Präsident den Freunden, er könne eigentlich kein Französich und was Rotary für uns bedeute, natürlich auf Französisch, wenn auch vom Vizepräsidenten vorformuliert. Den Service lässt das allerdings kalt, wir klatschen zum zweiten Gang. Frischkäsepraline in Spinatsuppe, "ein echtes Festessen", steuert ein Freund bei, mit dem und dessen Gattin der Berichterstatter erneut den Tisch teilt. Zweimal hintereinander zur Adventsfeier, letztes Jahr auch in Rouen, da kommen fast Verschwörungsgedanken auf, freundschaftlich selbstverständlich. Danach übernimmt der eingeladene Präsident, ebenfalls am Tisch, die normannische Gegenrede, im sympathisch abgelesenen Deutsch. Das Datum 23. Mai hebt er allerdings nur als "kurz vor der europäischen Wahl" hervor, die das deutsch-französische Paar Sarkozy-Merkel beflügeln möge. Unsere Präsidenten umarmen sich dazu schon 'mal vorsorglich.

Um zehn vor elf ist es so weit. Der Bus steht vor der Tür, die Heimat ruft. Am nächsten Morgen um halb zehn soll es das dann schon wieder gewesen sein, mit der Verabschiedung der französischen Freunde im Bonner Hotel. Erstmal drücke ich aber auf "Senden", auch der Berichterstatter muss ins Bett. Es ist doch spät geworden. Gleich träume ich von noch mehr Aktivitas beim nächsten Ausflug, diesmal zu den holländischen Freunden nach Den Haag.

-----Original Message-----
From: Thomas Grundmann
Subject: AW: Moselreise

Mein lieber Claus,

danke für Deinen ausführlichen und dem Bedauern Platz gebenden, nicht dabei gewesen zu sein, Bilateral-Meeting-Bericht! Super Ausflug!

Vor mir ist zu berichten, dass das Sprachvermögen Fortschritte macht, aber noch der Logopädie bedarf. Texte zu verstehen ist überhaupt kein Problem. Aber der Sprechausdruck eignet sich allenfalls für small talk im kleinen Kreis.

……………………………………………………………………..

Was macht notabene der Bootsführerschein?

Mit freundlichen Grüßen!
Thomas Grundmann

Von: recktenwald@mobileemail
Gesendet: Sonntag, 24. Mai 2009 23:35
An: Leserquartett
Betreff: Juckeldiduckel III

Meinung und Kritik

Die gerade ablaufende Woche hat ein Solarfabrik-Richtfest mit dem sächsischen Ministerpräsidenten in Freiberg, zwei Hauptversammlungen in den beiden Bonner Plenarsälen, einen Anwaltstag in Braunschweig und rotarische Pflichterfüllung an der Mosel gebracht. Heute war noch die Schwiegermutter zum Spargel da, morgen wird endlich wieder geanwaltet. Dem ICE verdanke ich allerdings auch die besondere Muße für einen eben abgesetzen Beitrag im Anwaltsblatt, das immerhin mehr als 70.000 Menschen lesen. Da ich kein Schrifttum mehr wältzen wollte, blieb's etwas an der Oberfläche. Passt aber prima zur Rubrik "Meinung und Kritik", meint auch der Schriftleiter, mit dem ich das beim Begrüßungsabend an der Oker schon so ausgekaspert habe. Nur "seinen" Vorspann muss er noch fressen. Also Text ab:

Von der Offenlegung zur Deckelung der Vorstandsvergütung

Am 20.5.2009 hat der TecDax-Konzern SolarWorld AG als erster deutscher Börsenwert einen von der Hauptversammlung beschlossenen Deckel für die Vorstandsvergütung auf das 20fache der durchschnittlichen Bruttogehälter bekommen. Der Autor erläutert Sinn und Zweck einer solchen Selbstregulierung, die er als Aufsichtsratsvorsitzender mitgetragen hat. Zugleich zeigt er ein damit verbundenes anwaltliches Betätigungsfeld auf.

Corporate Social Responsibility, darum geht es auch hier. Vertrauen und Zuversicht sind die konkreten Überschriften, zu denen auch bei der Vorstandsvergütung wohl nur Augenmaß und Bodenhaftung führen. Der von der Finanzmarktkrise ausgelösten Wertberichtigung braucht da zwar keine allgemeine Werteberichtigung zu folgen. Einmal mehr geht es aber um das Problem, dass schon ein faules Ei den Brei verdirbt. Der schwarzen Schafe wegen müssen dann doch auch die ehrbaren Vorstände und Aufsichtsräte noch etwas tun.

Seit dem von "Liebling Kreuzberg" beflügelten Börsengang der Telekom im Jahr 1996 stimmen die Werte nicht mehr. Da wird ein Bundesunternehmen unter die Sparer gebracht, in dessen Risikobericht letztlich nur der Sprengstoff Regulierung steht. Auch der Finanzminister meint, gleichwohl sei der amtliche Handel das Richtige, um die Bürgerschaft als T-Aktionär noch enger mit der Staatswirtschaft zu verflechten. Die denkt an nichts Böses und macht begeistert mit. Die Farbe Magenta zieht ganz Deutschland in ihren Sog, auch die Trittbrettfahrer auf der Angebotsseite. Die wundersame Brotvermehrung, toll wie die Kurse anziehen. Warum das so ist?

Vier Jahre später folgt dem auf breiter Front nur Enttäuschung. Die Kurse sacken ab, schwarze Schafe werden enttarnt, schließlich bricht nach EM.TV, Comroad und Biodata sogar der gesamte neue Markt zusammen. Was bleibt, ist eine allgemeine Verunsicherung, die auf Anlegerseite von Misstrauen geprägt ist. Neid und Missgunst mögen da auch noch eine Rolle spielen, wichtiger ist allerdings der Vertrauensverlust in die Kompetenz und Zuverlässigkeit der Unternehmensleitungen, der im vergangenen Jahr seinen vorläufigen Höhepunkt anlässlich der Finanzmarktkrise erreicht hat.

Unfähige Aufsichtsräte, gefräßige Vorstände, aufgebrachte Aktionäre, dieses Bild zeichnen die meisten, vom Tresen bis zum Wirtschaftsteil. Überall hört man von viel zu hohen Managergehältern. Wie es wirklich aussieht, interessiert jedoch kaum jemand. Trotzdem sind es von den 15.000 Aktiengesellschaften immer noch nur rund 750, die börsennotiert sind, davon kein Sechstel, das überhaupt Millionen-Vergütungen bezahlt, und das an weniger als 200 Manager in Deutschland. Dafür den Aufstand?

Der Bundesgesetzgeber hat das schon 2005 bejaht und versucht, mit dem Vorstandsvergütungsoffenlegungsgesetz und der damit eingeführten Individualisierung der Vorstandsvergütung abzuhelfen. Das hat zwar erst einmal einen weiteren Anstieg ausgelöst, weil nun endlich jeder Manager nachlesen konnte, wer besser verhandelt hat und welcher Nachschlag noch drin ist. Im Ergebnis war diese zusätzliche Transparenz aber kein Fehler, zumal angemessene Vergütung im Sinne von § 87 Abs. 1 AktG auch bedeutet, dass nicht zu wenig bezahlt wird. Nur wurde das Problem zu hoher Vergütungen nicht gelöst. Das wird auch durch das Vorstandsvergütungsangemessenheitsgesetz nicht anders, das die große Koalition noch im März dieses Jahres auf den Weg gebracht hat. Weiterhin begrenzt nach oben nur der Himmel, von unten wählt die Hauptversammlung lediglich den Aufsichtsrat und der bleibt allein dafür zuständig, was die Gesellschaft an ihre Manager zahlen muss. Eigentlich ist das auch richtig und funktioniert fast immer. Nur in einigen wenigen Fällen eben nicht. Die aber haben es in sich, seien es die 11 Mio. Euro für Herrn Löscher bei Siemens oder die 9 von RWE an Herrn Großmann.

Was können, wollen, brauchen wir, was steht uns wirklich zu? Jeder Manager kann das beantworten, andererseits nimmt er auch alles, was man ihm gibt. Natürlich gibt es in Deutschland genug Spitzenleute, die auch für eine Mio. Euro gerne das Ruder im DAX 30-Bereich in die Hand nähmen. "Frag Dich nie, warum gerade Du Vorstandsvorsitzender bist", hat dazu schon ein prominenter Vertreter zugegeben. Der will andererseits ausreizen, was er kann. Findet er aber einen Deckel vor, ist die Sache von vornherein klar. Das ist immer noch flexibler als jede andere Vergütungsregelung, auch für Spitzenleute, die von der Bundeskanzlerin über den Hochschulprofessor bis zur sonstigen Elite stets von Besoldungsvorschriften und Tarifen geprägt ist. Angemessenheit und Leistungsgerechtigkeit, die das Aktienrecht auch vom Aufsichtsrat verlangt, werden da regelmäßig nicht mehr hinterfragt. Man lässt aber häufig noch die Basis, sei es als Gesetzgeber, sei es als Tarifvertragspartei, mitentscheiden. Warum soll das bei der Aktiengesellschaft anders sein? Weil § 119 Abs. 1 AktG das nicht vorsieht, kann man zwar antworten, die Hauptversammlung ist bisher unzuständig. Andererseits genügt schon heute das Vorstandsverlangen nach § 119 Abs. 2 AktG, um auch die Deckelung der Vorstandsvergütung auf die Tagesordnung zu bekommen. Dass muss der Vorstand nur tun, wenn er auf Ehre und Gewissen setzen will.

Jeder Fall ist anders. Das gilt auch für die Aktiengesellschaft. Deshalb verbietet sich ein gesetzlicher Deckel, wie ihn etwa Die Linke schon mit Gesetzentwurf vom 18.10.2006 (BT-Drucksache 16/3015) erfolglos durchzusetzen versucht hat. Andererseits könnte es nichts schaden, die Deckelung der Vorstandsvergütung von Gesetzes wegen in die Beschlusskompetenz der Hauptversammlung zu stellen. Zwar blieben dann immer noch Vorstand und Aufsichtsrat für die Tagesordnung zuständig. Schon mit einem Minderheitsverlangen gemäß § 122 AktG bekämen aber auch die Aktionäre das Thema auf die Agenda. Dann mag bei Siemens das 50fache der durchschnittlichen Mitarbeitervergütung, bei RWE vielleicht noch das 40fache oder bei der Deutschen Bank, wie früher, das 30fache passen, ggf. auch eine andere Bemessungsgrundlage. Dass niemand wirklich mehr als eine Million Euro im Jahr braucht, würde allerdings auch dort schon gelten. Eine Vergütung, die niemand versteht, kann hingegen nur Misstrauen begegnen. Das auszuräumen, ist wiederum Bestandteil der durch § 76 Abs. 1 AktG verliehenen Leitungsmacht des Vorstandes.

Auch hier liegt in der Krise die Chance. Da kann es keine falsche Bescheidenheit geben. Nur einen Ruck muss man sich geben, sonst löst sich der Nebel um den ehrbaren Kaufmann nie auf.

Dr. Claus Recktenwald, Bonn

Der Autor ist Partner der Sozietät Schmitz Knoth Rechtsanwälte mit dem Tätigkeitsschwerpunkt Aktien-, Bank- und Börsenrecht.

-----Original Message-----
From: Ralf Schweigerer
Date: Mon, 25 May 2009 11:22:33
Subject: AW: Juckeldiduckel III

Lieber Claus,

jetzt juckelt und duckelt es in meinem BB im 12 Stundentakt, der Reihe nach:

1.
Als Schüler des Nikolaus-von Cusanus-Gymnasiums zu Bernkastel-Kues (damaliges Kfz-Kennzeichen übrigens BKS) überrascht die in Deinem Bericht aufkommende Überraschung zur Schönheit der Mittelmosel nicht. Als Jungspunte hätten wir von spießig gefaselt, tatsächlich ist es dort nur schön. Verbunden mit Deinem Bild vom Marktplatz weckte dieser Reisebericht in meinem Herzen die zarten Knospen der ersten Liebe, die sich um den Marktplatz herum in den 70-ern des vergangenen Jahrtausends entfalteten (die schöne Tochter des dortigen Zahnarztes war sehr begehrt!). Ich habe Dir ja häufiger gesagt, dass wir nun in das Alter kommen, wo wir verstärkt von den Erinnerungen leben, was auch schön ist, sollten wir aber auch nur noch davon erzählen, müssen wir uns versprechen, kräftig gegen die wackelnde Kniescheibe zu treten, versprochen?

2.
Offenlegung und Deckelung der Vorstandsvergütung.
Aus Sicht eines Vorsitzenden eines Aufsichtsrates, dessen Knallerthema sicherlich nicht laut genug durch die Medien hallte, o.k., aber - unter Freunden - fehlt nicht doch etwas Tieferliegendes? Ist es wirklich nur ein Problem einiger weniger, die die große Schar der Redlichen in Verruf bringt, oder mangelt es der Führungskaste nicht insgesamt an einem Denken, dass die Gründerväter, die Patriarchen im besten Sinne (ich erinnere gerne an einen Max Grundig, einen Robert Bosch und viele andere) noch hatten. Sie lebten die soziale Marktwirtschaft, die ökonomisch orientiert auf ethischen Fundamenten stand. Es ging nicht um Kursexplosionen

in kürzester Zeit, um schnelle Boni auszulösen, es ging nicht um Altersvorsorge in gleicher Höhe wie ein Vorstandsgehalt, es ging auch um Mitarbeiter, Werthaltigkeit und Langfristigkeit. So, wie wir kleinen Mittelständler ja auch heute noch denken. Und ist es nicht so, dass wir - ohne zum Anhänger des durch übermäßigen Genuss von Elbewasser geistig geschädigten Peter Sodann zu zählen - keine unabhängige Aufsicht über Vorstände haben? Zeigt die alte Deutschland-AG, die gut funktionierte, solange die oben erwähnten Kapitäne an Bord waren, nicht jetzt ihre grundsätzliche Schwäche, dass es nämlich nur das Ziel vieler hochrangig bezahlter und dekorierter Spitzenangesteller ist, der Führungskaste der Vorstände und Aufsichtsräte anzugehören, die sich wechselseitig in Funktion verhelfen, protegieren und beaufsichtigen? Stellt man sich nicht an wie Zumwinkel, so kann doch gar nichts passieren. Ausscheiden, Abfindung, 1 Jahr Ruhe und Wiedereinstieg an anderer Stelle, der Club wird schon etwas finden.

Jetzt rufe ich mich zur Ordnung, bevor ich (vielleicht macht der Gansen mit) zum Sozi werde. Wegen geringen Interesses und eventuell (zu) starker Kritik nicht im offen-Modus und nur für Dich.

Bruder zur Freiheit ......

Ralf

Von: David Eisermann
Gesendet: Mittwoch, 27. Mai 2009 18:55
Betreff: Kommunalwahl

Lieber Claus,

über Deine letzten zwei Nachrichten habe ich mich gefreut! Sie zeigen den Autor der Juckels wieder "en pleine forme". Was Du da eigentlich schreibst, ist ein "Blog" - nur eben nicht für Deine Webseite, sondern ausgesuchte Adressaten. Auf dem Weg zwischen Georg- und Finnländischer Straße fällt mir im "Schnellbus

60" der GA in die Hände - mit der Meldung, daß der Termin der Kommunalwahl jetzt feststeht. Jetzt stellt sich die Frage neu, ob wir nicht doch ein zweites Juckelbuch machen sollten. Um das schon geplante dritte (!) Buch vorzuziehen, gibt es noch nicht genug Material.

Aus Berlin grüßt heftig Dein alter David

Von: recktenwald@mobileemail
Gesendet: Mittwoch, 3. Juni 2009 14:23
Betreff: Juckeldiduckel III

Zur Lage

Die 50er knubbeln sich, nicht nur im Freundeskreis. Auch der sächsische Ministerpräsident, gerade als "Blockflöte" enttarnt, hatte sich beim Richtschmaus zum bevorstehenden Goldenen geoutet. Ob ich nicht meine 59er Riesling Auslese "Oestricher Doosberg" in den Umlauf geben wollte, wurde dazu diskutiert. Da die ohnehin keiner aufmachen will, funktionierte das auch mit Rückkehrgarantie. Der Schenker hatte allerdings die gute Idee, die schon im Juli beim 80sten der Mutter anzubieten. Das käme tatsächlich an. Gleich dreimal binnen drei Monaten bin ich als Geburtstagsredner dran. Zuletzt bittet der Unternehmerfreund zum Fest. Erst am 11.8. nach Ibiza, diesmal mit den besseren Hälften, während der kurze Mittelmeer-Törn davor noch einer Herrenriege vorbehalten ist. Danach geht's im größeren Kreis wieder an den Unternehmenssitz, da werden dann auch zwei Firmenjubiläen miterledigt. Werde dazu aus seiner Kindheit vortragen und mit der Sexta aufhören, hoffentlich ist das nicht zu persönlich. Gerade zu einer Persönlichkeit müsste das aber passen. Den Anfang macht zunächst der ViVo am vorletzten Maiwochenende im Kottenforst, dazwischen, drei Wochen später, soll's auch Georg am Rhein ereilen.

Bevor das losgeht, stehe ich gegen Mitternacht mit der Aktentasche auf dem Nachhauseweg vor'm Spitz und schaue Waldemar durch's Restaurantfenster zu. Der grinst vergnügt, bearbeitet aber sofort wieder das Saxophon. Sein Jazzquintett kommt etwas hektisch durch die Scheibe. Das liegt wohl am schnatternden Drummer, der auch zu laut spielt. Trotzdem ist es ein frischer Farbtupfer, schön urban, so vis-à-vis vom Stadthaus. "Citynotes" fällt mir dazu ein.

Dann aber kommt mir der "Spalttag" in den Sinn. Auf dem Sofa überfliege ich meine für den ViVo zusammengetippten Gedanken und bin irgendwie erschöpft. "Nur beten fehlt noch", war vor dreißig Jahren ein Ausspruch, den eine überlastete Fabrikantentochter aus der Banklehrzeit gerne bemühte und der auch jetzt irgendwie passt. Mittags eine Familiensache verglichen, die ganze 17 Jahre anhängig war. Genauso lange habe ich noch meinen Sozietätsvertrag zu erfüllen, eigentlich keine Zeit, bedenkt man, dass ich das schon seit fast zwei Jahrzehnten tue. Verlängern ginge zwar, um fünf Jahre. Aber warum denn eigentlich? Gesetzt den Fall, ich bliebe wie mein Vater bis 84 fit und baute erst danach ab, wären das die letzten 17 Jahre, die ich noch für mich hätte. Unwiederbringlich. Einen "schönen Spalttag" hatte uns der Vergleichskollege gewünscht und damit den Mittwoch gemeint, der die Woche spalte. Diese Verabschiedung bei der Familienrichterin nehme ich als Symbol für meine neue Zeitrechnung bis zum 67sten. Das Spaltalter zwischen Auf- und Abschwung. Zwei mal 17, wenn ich das überhaupt schaffe. Der mitlesende Verleger hat mich da doch geschockt. Erst das Herz, dann ein Schlag, wie schnell kann's gehen, von wegen "et hätt noch immer jot jejange". Gottlob geht's ihm aber schon besser.

"Mir ist das egal, wer die Verwaltung begleitet, man sollte sich nur nicht von Wortschwalbenverkäufern belästigen lassen." Das meint Friseurfreund Willi drei Wochen später vor dem Rathaus zu mir, nachdem ein Notarkollege gerade über mein dortiges Arbeitszimmer geflachst hatte. Die OB-Wahl steht in drei Monaten an, davor die Europawahl am kommenden Sonntag. Irgendwie ist das wirklich alles egal, Hauptsache die Sonne scheint, die uns auch am Montag wieder nach Ischia begleiten soll. Trotzdem die OB-Geschichte doch schon vorziehen, was David im letzten Anworten-Modus wieder angestoßen hat? Einverstanden, er ist der Herausgeber, dann kann ich auch die eingangs gestellte Frage, "... und was machen wir jetzt hier?" erstmal so stehen lassen. Nur noch schnell 'nen leichten Schleier drüber.

Zweiter Abschnitt / Juckeldiduckel II:

- Gespräche, die nie stattgefunden haben

Juckeldiduckel™

Von: recktenwald@mobileemail
An: Thomas Grundmann
Cc: Dr. David Eisermann
Gesendet: Anfang Februar 2009
Betreff: Juckeldiduckel™

Juckeldiduckel, das ist nicht nur ein Erzeugnis zur beim deutschen Patent- und Markenamt für mobile Reiseberichterstattung und Dokumentationen aller Art eingetragenen Wortmarke. Nein, das ist auch ein Gefühl, ein Zustand, das kribbelnde Vakuum vor dem nächsten Überdruck. Gottlob baut der sich gerade zum "Normaldruck" im Sinne der üblichen Anwaltsauslastung ab, galt davor allerdings vorrangig dem Lustbereich, vom ausgelebten goldenen Geburtstag über die Laudatio auf den Bonner Generalintendanten zur Mäuseorden-Verleihung bis zum rotarischen Vortrag in Sachen Wiedereinführung der Todesstrafe. Auch dazu mehr im Presseanhang. Muss zwar alles nicht sein, ist aber nun einmal meine Passion, das Machen und Mitmachen beim Zwischen- und Mitmenschlichen. Im Flughafen Tegel geht das jetzt vor dem Rückflug nach Hause wieder direkt in die Finger, genau in den rechten Zeigefinger und den linken Daumen. Die und ihre Einwirkung auf den BlackBerry wurden vom mitlesenden Verleger sogar durch Privatdruck zum 16.1.2009 geadelt. Den hat er zusammen mit dem weiterhin cc-gesetzten ersten Juckeldiduckel-Herausgeber noch beim kulturellen Teil des 50sten im Kammermusiksaal als Festgabe zu meinen Marokko-, Ischia- und Ägypten-Geschichten präsentiert. Die 200er Auflage war aber schon nach dem Ausklang im "Stiefel" nebenan und der Nachfeier mit dem Büro im "Daufenbach" vergriffen. Also dranbleiben, aber womit?

Vielleicht noch mehr Heimatbezug beim neuen Projekt. Dazu gönne ich mir im übernächsten Kapitel dann doch die Indiskretion zu einem Gespräch, das niemals stattgefunden hat. Nur Frisöre haben Geheimnisse, also sei's mir gestattet, wenn auch so geglättet, dass praktisch kein Unterlassungsklagerisiko mehr verbleibt. Zunächst aber den Anfang weiterstricken. Der Flieger ist gelandet, der Rotwein darf helfen. Mal sehen, wohin die Reise diesmal geht.

Für den Leser in die Vergangenheit, zumindest soviel steht fest. Auch wollte ich die Empfehlung aus dem Freundes- und Familienkreis ernst nehmen, diese Aufzeichnungen erst einmal liegen zu lassen, unterschiedlichster Befindlichkeiten wegen. Wie bei der Ersitzung von beweglichen Sachen, für die das BGB 10 Jahre braucht, könnte ich mit der Veröffentlichung auch noch bis zum 60sten warten. Die Schlüssellochperspektive wäre dann zwar geweiteter. Ich müsste aber niemanden mehr schlachten, was ich keinesfalls will. Auch könnte die Erinnerung an die Anfänge eines Kongresszentrums, sollte das tatsächlich in Betrieb genommen werden, und das Ende der Beethovenhalle, zu dem es wohl kommen wird, schon Leseanlass genug sein. Ob das Stadthaus dann noch steht? Zumindest in Öl hängt es bestimmt noch in meinem Büro, als Jahresgabe 2008 des Bonner Kunstvereins von Antje Schiffers.

Der Normaldruck

Von: recktenwald@mobileemail
Gesendet: Samstag, 7. Februar 2009 15:43
Betreff: Der Normaldruck

Widmen wir uns doch noch etwas dem nachlassenden Überdruck. Warum sich der Körper zuvor nimmt, was er braucht, hatte ich zur Jahreswende in einer Rundmail zu erklären versucht. Es ist die Durchblutung des Gehirns, die uns aufleben und bei Verstand bleiben lässt, sonst droht der mentale Abbau. Der könne selbst jungen Menschen schon die Fähigkeit nehmen, Ironie von Ernst zu unterscheiden, so "Die Welt" zu einer australischen Studie, die meinen Silvestergruß ausgelöst hatte. Deshalb also strengen wir uns an.

Jetzt ist das allerdings schwierig, weil ich verstohlen unter dem Beklagten-Tisch tippen muss, der im Sitzungssaal 24 des Amtsgerichts Königswinter steht. Fünf Wohnungseigentümer streiten sich da zum Thema Betontreppensanierung, bei der nur der Streitwert für den Anwalt stimmt. "Unmöglich" ruft plötzlich die Klägerin, das Landgericht habe ihr "anfechten, anfechten, anfechten" empfohlen, nur deshalb wehre sie sich jetzt gegen diese horrenden Kosten, und auf einmal solle die Klage unschlüssig sein? Der kluge Richter erkennt's endlich, "dann muss ich das entscheiden". So 'was kann man eigentlich nur unter Drogen ertragen, meint auch der Verwalter neben mir. Die wirken bei mir tatsächlich noch etwas aus der "Hausbar" nach, in der gestern mit Prinz und Bonna beim Wirtschaftsempfang angestoßen wurde. Vorher hatte es seit ein Uhr ein Arbeitsessen im "Il Punto" gegeben, das der Bandenwerbung beim 1. FC Köln und den Persönlichkeitsrechten seines aus Bayern zurückkehrenden Stars Poldi galt. Der Präsident selbst und seine beiden Geschäftsführer hatten sich die Ehre gegeben und wurden dafür vom Sonnenkönig, seinem Aufsichtsratsvorsitzenden und dem Finanzvorstand des neuen Werbepartners hervorragend bekocht, natürlich mit Unterstützung von Wirt Ettore. Wir blieben dann einfach sitzen, freuten uns über die gute Verständigung und wechselten mit zwei anderen Gästen erst um acht das Lokal. Der Gerichtstermin am Folgetag konnte so zum Chillout werden, sehr entspannt.

"Der vergessene Bon am Leergutautomat" ist dann die nächste juristische Nuss, die mein Kopf knacken will, diesmal aber am Esstisch und privat, erst nach dem samstäglichen Einkauf im Extra-Markt. Wie so oft hatte ich artig den Wasserkasten und ein Paar Bionade-Flaschen in den Apparat gesteckt und eine halbe Stunde später auf Susannes Frage an der Kasse, wo denn der Bon zur Einlösung sei, nur mit hilflosem Achselzucken reagiert. Wieder nicht gedrückt, wieder ohne Bon weitergegangen, wieder an der Kasse geärgert. Wie ist die Rechtslage aber wirklich, selbst schuld oder ist noch gar nichts Schuldbefreiendes gelaufen? Einen Vergütungsverzicht habe ich sicher nicht geleistet, meine Rückgabe-Leistung ebenso sicher erbracht. Kann der Markt aber an den, der sich den Bon danach genommen hat, mit Erfüllungswirkung mir gegenüber auszahlen? Ich befürchte, es läuft so: Aus dem Supermarkt-Kunden-Verhältnis trifft mich die Obliegenheit, den Bonknopf zu drücken und den Beleg aus dem Automat zu nehmen, damit dem Aufsteller kein Schaden durch Falschauszahlung entsteht. Zwar habe ich auch ohne Bon, der sicherlich kein eigenständiges Wertpapier ist, einen Pfand-Rückzahlungsanspruch. Verletze ich jedoch meine Obliegenheit, so kann der Supermarkt gegen diesen Anspruch mit einem Schadenersatzanspruch in entsprechender Höhe aufrechnen. Steht noch nirgendwo, wird aber so laufen. Genau wie bei der gestohlenen Scheckkarte, wo die Bank eigentlich auch nicht den Kunden belasten darf, wenn ihr Geldautomat an den Dieb auszahlt. Kannte der die PIN jedoch nur deshalb, weil der Kunde sie unsorgfältig aufbewahrt hat, muss der die Belastung als Schadenersatz ertragen.

Zu kompliziert? Ist alles noch Normaldruck, der mir da in die Finger juckeldiduckelt. Schon gleich stellt sich das Herzklopfen aber wieder ein.

Ein Gespräch, das niemals stattgefunden hat

Von: recktenwald@mobileemail
Gesendet: Freitag, 9. Mai 2008 19:43
Betreff: Ein Gespräch, das niemals stattgefunden hat, Teil eins

Mein alter Freund Heinz, Kürschnermeister aus der Gangolfstraße, sollte vielleicht doch Recht bekommen. "Das nächste Mal sehe ich Dich als OB in der Zeitung, wenn Du so weitermachst", hatte er mir auf dem Fußweg zur Kanzlei zugerufen und hinzugefügt: "Vergiss nicht, mich dann zum Stadtkernbeauftragten zu machen, damit ich für Dich auch noch die City in Ordnung bringen kann".

Diese Ansprache galt meiner letzten Präsenz im Bonner General-Anzeiger vom 28. April 2008, der ein wirklich schönes Foto von Susanne und mir als Tanzpaar gebracht hatte. "Der 60. Bonner Juristenball" war das Thema und "mittendrin Anwaltsvereinsvorsitzender Claus Recktenwald mit seiner Frau Susanne Olbertz" der Untertitel. Schon vorher hatte mir das Amt eine gute Presse gebracht, selbst im Express, im Vorjahr allerdings mit der Gattin des Richtervertreters im Arm, was die häusliche Stimmung etwas belastete. Diesmal aber war alles perfekt, selbst die Glückszahlseite 7 stimmte. Dass die allgemeine Ballmüdigkeit nach 56 Veranstaltungen mit regelmäßig bis zu 1.000 Gästen in der Beethoven-Halle über drei defizitäre Versuche mit nur noch hälftiger Besucherzahl im Saalbau des Landgerichts nun zu gerade 330 Gästen im dafür allerdings perfekten Hotel Bristol geführt hatte, blieb gottlob unerwähnt. Stattdessen wurde nur die in der Tat gute Stimmung gelobt und durch das Foto wohl auch weitertransportiert. Aber deshalb gleich Oberbürgermeister werden? Ich gebe zu, das schon 'mal im Freundeskreis von mir gegeben zu haben. Mein Urtrieb zur Geburtsstadt Bonn könne selbst das noch verkraften. Wirklich ernst hatte ich das aber nie gemeint, zumal mich bisher auch noch keine Partei begeistern konnte.

Zuhause fühle ich mich aber seit gut einem Jahr in einem Bonner Serviceclub. Einer dieser Freunde bat mich für das heutige Freitags-Meeting um eine kurze Audienz. Nachdem sich die Gruppe früher als sonst aufgelöst hatte, blieben wir auf unseren Plätzen. Ich hatte noch eine viertel Stunde Zeit, Susanne wollte mich erst um halb drei mit ihrem Faltdach-Lupo, der sonst keinen Auslauf bekommt, zum Pfingstwochenende nach Domburg abholen. Dann die Einleitung an mich: "Dieses Gespräch hat niemals stattgefunden, nur mit Ihrer Frau dürfen Sie darüber sprechen. Was halten Sie eigentlich von Kommunalpolitik?" Ich gebe zu, was oben steht: Keine Parteiinteressen, gegenüber Freunden witzele ich schon 'mal, OB werden zu wollen, das sei aber parteilos unrealistisch und finanziell uninteressant. "Dann falle ich 'mal mit der Tür ins Haus. Ich bin mit der Findung eines OB-Kandidaten befasst, die verdichtet sich jetzt auf drei Persönlichkeiten, zu denen Sie gehören; und ich bin beauftragt, Sie zu fragen, ob Sie für die CDU als OB kandidieren wollen". "Emotional sofort, im übrigen nur ohne Parteibeitritt, desweiteren müsste ich zumindest eines meiner Aufsichtsratsmandate behalten dürfen, auch um meine Sozietätspartner und einen Unternehmerfreund nicht zu schädigen." "Parteieintritt muss sein, das Mandat bei der wohl gemeinten SolarWorld könnte man regeln, im übrigen wäre erstmal Schluss mit der Anwaltschaft". Bis vor der Sommerpause wolle man's wissen, im Oktober 2009 sei es dann so weit.

Wer noch kandidiere? Die OB werde bei einem vernünftigen Gegenkandidaten nach 14 Jahren nicht mehr antreten, die Grünen und die FDP verzichteten vielleicht auf einen eigenen Kandidaten, aus der SPD könne es auf einen Herrn Klein hinauslaufen. Der sagt mir noch nichts, auch wenn ich den Namen aus den GA-Kommunalseiten kenne, er hat mich aber nie interessiert. Sonst komme bei der SPD noch der Bundestagsabgeordnete Ulrich Kelber in Betracht, der sich das als mehrfacher Vater noch kleiner Kinder aber eher nicht antue. Nur den würde ich ernst nehmen, gebe ich zu. Wir kennen uns über den Unternehmerfreund, fremdeln allerdings regelmäßig, wenn wir uns sehen und schüchtern zunicken oder nicht begrüßen, zuletzt bei der Prinzenproklamation in der Beethoven-Halle. Ich mag ihn, weil er meinem vor drei Jahren mit 87 verstorbenen Vater wenige Jahre vorher auf dem

Beueler Landgrabenweg das Fahrrad aufgepumpt haben soll. "Ganz großartig", war dazu sein Urteil, sonst eher konservativ durfte er vermutlich auch noch vom Krieg, seiner Zeit als Rittmeister bei einer Radfahrschwadron und "seinen Straftätern" als Senatspräsident beim Oberlandesgericht Köln erzählen. Jedenfalls äußere ich auf die Nennung von Uli Kelber, ich wolle nicht wie der vorletzte CDU-Kandidat Stahl untergehen. Das sei der aber gar nicht, wird mir entgegengehalten, immerhin agiere der jetzt als Fraktionsvorsitzender im Düsseldorfer Landtag. Wenn ich vielleicht nächste Woche klar sähe, müsse ich auch mit Herrn Stahl weiterreden. Gut, am kommenden Freitag wollte ich ohnehin zum Jahresempfang der Kreis-CDU ins Bundeshaus. Der Vorsitzende Voss hatte mich so freundlich bei der Einführung des neuen GA-Chefredakteurs in der Bad Godesberger Redoute darauf angesprochen, dass ich sogar mit kurzem Anschreiben zugesagt hatte. Der will Europaabgeordneter werden, erfahre ich dazu noch; ich wusste schon von einem Kölner Ratsherrn, dass es da eine CDU-Position zu besetzen gäbe, für die man noch niemanden hätte. Nebensache, nur der OB ist jetzt für mich Thema.

Das muss ich mir überlegen. Susanne erfährt es hinter Rodenkirchen auf der verstopften Autobahn. "Ja, mach doch", ist ihre spontane, irgendwie aber noch nicht ernst zu nehmende Reaktion, die ich zwischen Vorwurf und Gleichgültigkeit, eher bei Koketterie einordne. Dann fange ich lieber erst einmal damit an, diese Aufzeichnungen in den BlackBerry zu tippen. Mal sehen, wohin das führt.

Von: recktenwald@mobileemail
Gesendet: Sonntag, 11. Mai 2008 12:03
Betreff: Ein Gespräch, das niemals stattgefunden hat, Teil zwei (b-Fassung)

Duplizität der Ereignisse. Der Unternehmerfreund erhält heute auf Rüttgers CDU-Landeskongress in Anwesenheit der Bundeskanzlerin eine wirklich ehrenvolle Auszeichnung und mich fragt man wenige Stunden vorher, ob ich nicht für dieselbe Partei in Bonn OB werden möchte. Bisher bin ich politisch eher uninteressiert und fühle mich allein den Mandanteninteressen verpflichtet, dies als bekennendes Organ der Rechtspflege auf Augenhöhe mit Richtern und Staatsanwälten; der Freund ist Gründungsgrüner, hat viele SPD-Vertraute und verkehrt auch mit dem Chef der Liberalen, dem er Mitte Juni sogar ein zweites "Fund raising" in der Unternehmervilla gestattet. Und wir beide jetzt CDU?

Kurz vor Antwerpen weiß ich's eigentlich. Ich mach's und schaff's. Die angeblich 70 Wochenstunden schocken mich nicht, nur der Parteieintritt und das Parteivolk, mit dem ich mich nicht gemein machen will, stoßen ab. Wenn, dann tue ich das alles für meine Heimatstadt, mein Raumschiff Bonn, mein Zuhause, insoweit also auch für meine Freunde, Familie und mich. Der Trennkost seit Weihnachten verdanke ich schon einen schlankeren Körper, den Gürtel auch wirtschaftlich enger zu schnallen, wird da ebenfalls klappen. Ein Staatssekretärsgehalt, das es werden soll, könnte im übrigen meine bisherige Altersversorgung beflügeln. Zweimal sechs Jahre, dann wäre ich 62. Danach noch fünf Jahre Kanzlei und dann endlich Bötchenfahren und nur noch Frau Ministerialrätin beim Bundeskulturbeauftragten weiterarbeiten lassen, das könnte es doch auch sein. Wie gut, dass ein Kanzleipartner, mit dem ich das erörtern kann und muss, gleich in Domburg dabei ist und als Rotarier des Godesberger Clubs wie "keiner" zu behandeln wäre, mit dem ich die Sache doch noch besprechen darf, bevor ich zusage.

Davor kommt allerdings die Ehefrau. Die ist plötzlich überhaupt nicht mehr amused. Im Domburger Restaurant Mondriaan lässt sie zwar noch zu, dass ich ihr mein "Mondriaanprogramm" erläutere und dabei auch ihre Beiträge aufgreife. Zur Überschrift

- "Wir sind Bonn"

wären da zum Untertitel

- "Leben und Erleben"

zu finden:

1) Rückbau der Müllverbrennungsanlage (MVA), kleinere Flamme für weniger Müll - damit auch wir in unserem benachbarten Gründerzeithaus im Musikerviertel glücklich bleiben -,

2) Atemluft auch für Radfahrer und Fußgänger verbessern, noch mehr Bäume für ein besseres Stadtklima - damit auch die Gattin, die das Auto immer stehen lässt, gesünder am Kaiser-Karl-Ring entlang zum Büro kommt -,

3) Kultur- und Beethoven-Stadt Bonn als Marke pflegen,

4) Bundesstadt weiter ausfüllen,

5) Senioren- neben der Kinderbetreuung vorantreiben (wer pflegt uns sonst als kinderloses Ehepaar?).

Danach, vielleicht war's auch der Riesling von der Mosel, wird jedoch hemmungslos und unverblümt Klartext abgefeuert. Der geht in die Richtung, "Du bist mich los, wenn Du's machst". Die Details tun jetzt nichts mehr zur Sache. Besser erst 'mal an den Strand und beim Nachtspaziergang den Wein und das Essen im Körper verteilen. Dann ausschlafen und sich etwas ausschweigen.

Tag zwei ist dann allerdings auch nicht zielführend. Partner Michael hört sich beim Strandspaziergang zwar alles an. Er hält die Sache auch für gut und machbar. Sogar Ehre und Kanzleinutzen werden erkannt. Die Partnersitzung solle damit befasst werden, das müsse ich schon machen. Die Gattin aber bleibt aufgewühlt, wenn jetzt auch in sich gekehrter.

Von: recktenwald@mobileemail
Gesendet: Sonntag, 11. Mai 2008 23:53
Betreff: Ein Gespräch, das niemals stattgefunden hat, Teil drei

Zumindest ein flüchtiges Lächeln hat mir die Gattin an Tag drei doch wieder geschenkt. Ob sie's schließlich akzeptiert? Am Strand denke ich an meinen alten Kunstlehrer Günther Scholl und dessen uns Schülern am Beethoven-Gymnasium vermittelte Erkenntnis vom "vox populi, vox Rindvieh". Gegen Ende der Wanderung sitzen wir noch etwas in der Sonne, schauen von der Bank den auf der Holztreppe vom Meer hochkommenden Massen zu und auch Susanne meint, den Plebs habe es ja schon bei den Römern gegeben. Trägheit und Stimmungen, letztlich entscheiden fast immer Emotionen. Wohl auch über mich, extern und intern. Dazu hatte ich gerade erst eine interessante Korrespondenz mit dem Präsidenten des Deutschen Anwaltvereins, der immerhin 70.000 organisierten Anwälten vorsteht, andererseits aber nach dem letzten Anwaltstag in Berlin bekennen musste, seine und meine Empfindungen seien nicht "communis opinio". Deshalb aufgeben oder kämpfen, hatte ich mich da gefragt und letzteres mit einer Rundmail an die Vorsitzenden der starken Ortsvereine nebst Landesverband angestoßen, um die Stimme des Volkes einmal selbst zu prägen.

In Sachen OB habe ich noch keine Vorstellung, wer da wie und warum gerade auf mich gekommen ist und meint, die Wählerschaft werde einen Kandidaten bestätigen, der weder Parteigeruch noch sonstige Verankerung im Politikgeschäft hat, der allenfalls charismatisch, irgendwie nicht inkompetent und von seinen Veranlagungen her geeignet erscheint, ein solches Amt auszufüllen. Darf man sich darauf einlassen oder soll ich vielleicht nur aus welchem Grund auch immer verheizt werden?

"Fragen über Fragen", hätte dazu mein längst verstorbener Jurarepetitor Paul Schneider geäußert, um dann hinzuzufügen, "so 'was lebt und Nitribit musste sterben". Das brachte regelmäßig viele Lacher, die Bedeutung hat sich mir allerdings nie so richtig erschlossen. Als ich selbst während der Promotionszeit nach dem zweiten Staatsexamen Repetitor für das Öffentliche Recht in Hannover und Göttingen war, habe ich dort den Spruch einmal an einer blonden Hörerin ausprobiert, die gerade nicht aufgepasst hatte. Die fühlte sich derart beleidigt, wohl weil sie meinte, ich wollte sie mit einer Frankfurter Prostituierten gleichsetzen, dass ich unterbrechen, ihr einen Sekt ausgeben und mich vor der johlenden Studentenmasse förmlich entschuldigen musste. Dabei ließ ich allerdings auch noch los, die Nitribit sei in Wirklichkeit aber eine tolle Frau gewesen; es half jedoch nichts, auch wenn der deutsche Film das tatsächlich rund 15 Jahre später erkannte.

Wie dem auch sei: Zur OB-Kandidatur müsste man wohl noch ein Quäntchen Ursachenforschung betreiben und Herrn Stahl am Freitag entsprechend befragen, zum Beispiel:

1) Wer sind die anderen beiden Persönlichkeiten und findet zwischen denen und mir noch ein Wettkampf statt?

2) Wer steht hinter mir oder muss ich meine Truppen erst noch sammeln?

3) Darf ich zugeben, der CDU allenfalls beizutreten, um einen Wählbarkeitsstatus zu erlangen?

Und was mache ich, wenn alle Antworten zu meiner Zufriedenheit ausfallen? Einfach dranbleiben und mitmachen?!

Von: recktenwald@mobileemail
Gesendet: Mittwoch, 14. Mai 2008 10:23
Betreff: Ein Gespräch, das niemals stattgefunden hat, Teil vier

Da macht sich dann doch etwas Ernüchterung breit. Pfingstmontag war zwar wieder harmonisch bis zärtlich. Nach der Rückkehr in Bonn holt mich jedoch das Internet auf den Boden der Tatsachen zurück. "Herzlich willkommen", begrüßt einen da der CDU-Kreisverband Bonn mit einem ganz furchtbaren Auftritt. Wie sehen die denn aus, ist meine spontane Reaktion. Schnell noch die SPD-Seite anklicken. Auch nicht besser, im übrigen viel zu Kelber-lastig. Immerhin habe ich es zu dem aber gerade erst rascheln gehört, er werde vielleicht Umweltminister und löse den für Struck in den Fraktionsvorsitz wechselnden Gabriel ab. Das täte meiner OB-Kandidatur sicher gut. Themen haben die aber alle keine, da gefällt schon eher die Bonn-Seite, auf der ich zumindest etwas über das Bürgermeisteramt erfahre. Eher undramatisch, auch die Antrittsrede zur laufenden Ratsperiode hätte ich nicht schlechter formuliert als Bärbel Dieckmann das im Oktober 2004 gemacht hat.

Was verdient die denn eigentlich? Google hilft mir da nicht weiter, bringt mich aber zum Kölner Kollegen Schramma, der seine Einkünfte 2007 tatsächlich komplett veröffentlicht hat. 133.656,69 Euro Besoldung nach B 11, von 51.111,71 Euro aus Aufsichtsratstätigkeit behaltene 6.000 Euro plus 24.340,86 Euro als nicht abführungspflichtige Verwaltungsbeiratsvergütung der Sparkasse KölnBonn. Das macht insgesamt 163.997,55 Euro. Geht so, in Bonn wird das deutlich weniger sein, das kann man als Anwalt verdoppeln. Die NRW-Innenministerseite bestätigt dann, dass der OB für 250 bis 500 Tausend "Einwohnerinnen und Einwohner" nur B 10 bekommt. Bonn hat 313.605, erfahre ich hierzu wieder auf www.bonn.de. Und die Altersversorgung? 35 % nach acht Jahren nebst 2 % für jedes weitere Amtsjahr, höchstens 75 %. Auch kein Grund zum Jubeln.

Mal sehen, was der Schatzmeisterkollege der Kreis-CDU dazu sagt. Der hat schon -eigentlich unverschämt- am Samstag auf den privaten Anrufbeantworter gesprochen und moniert, meine beim Unternehmerfreund auf dem Innovationskongress in Düsseldorf erfragte Handynummer sei falsch. Man stelle sich vor, der hätte mich in Domburg erreicht. Da wäre ich ausgeflippt. Jetzt aber treffen wir uns in seiner Kanzlei, und zwar heute Nachmittag vor einem UN-Botschaftervortrag im Langen Eugen, den ich mir danach mit dem Juristischen Forum Bonn anhöre. Werde ihm wohl eröffnen, dass ich kein einziges von derzeit fünf Aufsichtsratsmandaten aufgebe, da auch keinen Vergütungsabzug zulasse und im übrigen keinesfalls der CDU beitrete. Die Parteien mögen dann die Köpfe zusammenstecken und mich gemeinsam als freien Tänzer präsentieren. Nur so kann ein Schuh draus werden. Dazu passt der heutige GA-Bericht auf Seite 5 mit der Überschrift "Die umworbenen Kleinen" und der Unterzeile: "Weil es bei den Oberbürgermeisterwahlen 2009 keinen Stichentscheid gibt, suchen CDU und SPD schon jetzt Unterstützung für ihre Kandidaten. Die FDP pocht vielfach auf Eigenständigkeit, Rot-Grün plant Bündnisse". Noch 13 Monate sei es bis zur Kommunalwahl, in diesen Wochen fielen Vorentscheidungen, in Bonn habe man sich noch nicht entschieden, es seien aber auch noch einige Monate Zeit für die Gespräche in den Hinterzimmern.

Dann gönne ich mir doch einfach weitere Bedenkzeit. Ich fürchte nur zunehmend, dass ich noch eher die Gattin und die Sozien als mich auf Spur bringe. So richtig toll finde ich das alles schon jetzt nicht mehr. War das anfangs doch nur die Domburg-Euphorie, die mir mein mitlesender Verleger schon nach Teil zwei zurückgerufen hat? Ordentlicher Anwalt ohne Parteibuch in lebhafter Praxis ist vielleicht doch das Beste. Warum verkommt der OB-Job zum Sauerbierangebot an Quereinsteiger, Finger weg? Cave canem, ich halte mich von der Meute fern, ist jetzt meine Gemütsregung.

Von: recktenwald@mobileemail
Gesendet: Donnerstag, 15. Mai 2008 01:05
Betreff: Ein Gespräch, das niemals stattgefunden hat, Teil fünf

Wo bin ich da nur hingeraten? Der Schatzmeistertermin betraf zwar eine komplett andere Baustelle, hat mir aber einen Einblick verschafft, der die Traumbasis für einen parteilosen Koordinator im Auftrag aller Ortsparteien bilden könnte. Meine scheinheilige Frage, was denn passiere, wenn die OB deshalb vorzeitig aufhören müsse, wird zunächst mit der Vermutung aufgegriffen, dann würden sich wohl mehrere Kandidaten melden, auch er stehe zur Verfügung. Sodann erfolgt der Hinweis, es gebe im übrigen eine Findungskommission der CDU. Was die sich jetzt ausdächten, wisse zwar keiner. Vor der Sommerpause wolle man es aber wissen. Abends überlege ich mir schließlich, ob ich das Thema nicht folgender Email zuführen sollte:

"Lieber Freund,

beim letzten Meeting haben Sie mich zu meinem Interesse an einer OB-Kandidatur befragt. Das besteht nach wie vor, allerdings in folgenden Grenzen: Gerne trete ich als Kandidat der CDU in Erscheinung, in sie eintreten möchte ich jedoch weiterhin nicht. Mein Mandat wäre die Stadt Bonn, das müsste genügen. Allerdings bliebe ich der CDU loyal verbunden, die ich als geringstes Parteiübel empfinde. Bei den übrigen Parteien wäre ich allerdings zuversichtlich, auch von dort Rückhalt zu erfahren. Schließlich müsste meine wirtschaftliche Absicherung so aufrecht erhalten bleiben, dass zumindest die Aufsichtsratsmandate weiterlaufen. Mit B 10 allein käme ich nicht zurecht.

Gerne stelle ich mich jedem weiteren, auch einem Hintergrundgespräch mit Vertretern der übrigen Parteien. Haben Sie noch einmal herzlichen Dank für Ihre Anfrage und das schon damit in mich gesetzte Vertrauen der Findungskommission, die mich jederzeit unmittelbar ansprechen kann.

Ihr Claus Recktenwald"

Von: recktenwald@mobileemail
Gesendet: Samstag, 31. Mai 2008 18:37
Betreff: Ein Gespräch, das niemals stattgefunden hat, Teil sechs

Wie angenehm das doch war, erst einmal nichts mehr in Sachen OB zu hören. Zwei Club-Meetings geschwänzt, zwei prima gelaufene Hauptversammlungen mit halbseitigem GA-Bericht und schönem Foto auch vom Aufsichtsratsvorsitzenden über die Bühne gebracht und dann noch von Susanne als Wissensstand eines Vorgesetzten erfahren, Frau Dieckmann kandidiere wieder. Schließlich von einem der vermögendsten Söhne Kölns, mit dem ich bei einem dort ansässigen Verlagskonzern im Aufsichtsrat sitze, ein weiteres Aufsichtsratsmandat bei einer Augsburger Aktiengesellschaft angedient bekommen, an der er die Sperrminorität halte. Was will man mehr? Da ruft der Finderfreund aus heiterem Himmel an und fragt nach, wie meine Antwort denn ausfalle. Mist, die Email-Anschrift war falsch. Das ".bonn" hinter dem Namen und vor dem @ fehlte. O.k., am 26. die Antwort vom 15. Mai weitergeleitet. Herr Stahl erhalte sie von ihm und werde sich dann telefonisch melden. Hat die zuvor verlesene Email nicht geschockt? Man müsse darüber reden, meint der Freund.

Das tue ich zunächst mit den Kanzleipartnern. Die sind verhalten bis zustimmend, letztlich aber zu allem bereit. Ich müsse das wissen, solle aber nicht vergessen, wie gut es mir gehe und was ich noch alles als Anwalt machen könne. Danach kommt Herr Stahl zum Abendtermin. Er hatte sich morgens, am 28.5.2008, angekündigt.

Recht nett und irgendwie aufrichtig, der Helmut Stahl. Warum kandidiert der denn nicht selbst? Er war bis 1998 beamteter Staatssekretär bei Bundesbildungsminister Rüttgers, unter dessen Ministerpräsidentschaft er jetzt Landesfraktionschef in Düsseldorf ist. Gut, der ist beschäftigt und hatte schon einmal das zweifelhafte Vergnügen einer Niederlage. Er hält meine Konditionen keineswegs für Ausschlusskriterien, ganz im Gegenteil, die Sache könne rund werden. Er bedankt sich für "ein gutes Gespräch" und will wieder auf mich zukommen. Mein Eindruck: Das klappt, am Freitag will er's mit dem Kreisvorstand erörtern. Bisher habe man zwar einen, der es könne, und zwei, die es lieber nicht wollten. Mein Profil sei aber gerade nach Filz und Führungslosigkeit in der CDU durchaus reizvoll. Er habe da auch schon ein passendes Plakat vor Augen, auf dem mein Gesicht bestimmt wirke.

Freitag Morgen rufe ich dann doch lieber erst den Unternehmerfreund an, der es keinesfalls über Dritte erfahren soll. Der reagiert in Sachen OB dann allerdings auch wie die Partner, verhalten bis zustimmend. Er müsse es sich aber noch einmal überlegen, muss ich auch. Zuvor freue ich mich darüber, dass Freitag auch der Entlassungstag des zweitältesten Bruders Wolfgang aus der Klinik ins betreute Wohnen sein soll, das er schon im August wegen erneuter Schübe und eines übervorsichtigen Sozialarbeiters aufgeben musste. Habe ihn zwar ein- bis zweimal pro Woche, zeitweise auch als Betreuer für die Gesundheitssorge besucht, mehr als Zigaretten und etwas Aufmunterung konnte ich ihm aber nicht geben. Hoffentlich packt er es jetzt wieder. Vielleicht kann man dann auch endlich gemeinsam nach London fliegen und beim dort mit seiner Frau als Architekt arbeitenden jüngsten Bruder das gerade geborene zweite Kind Leo bewundern.

Auch das Freitagsmeeting wird wieder besucht. Da trägt nach dem Mittagessen aber doch tatsächlich der „WorldCongressCenter-Bonn"/WCCB-Geschäftsführer als Freund eines anderen Clubs genauso wie vor zwei Wochen beim CDU-Empfang im Bundeshaus vor. Nur die Frage, wann der "amerikanisch-koreanische Besitzkonzern" denn auch die Autoproduktion nach Bonn hole, bleibt irgendwie im Nebel. So direkt habe man damit als Betreibergesellschaft speziell nichts zu tun. Puh! Ich halte das fehlende Einschreiten der anwesenden Insider für unpassend und unternehme deshalb nach dem Meeting einen vorsichtigen Vorstoß beim Finderfreund. Der winkt jedoch ab und hält mir entgegen, ich solle lieber bei meinem obersten Mitarbeiter für mehr Verschwiegenheit sorgen. Er meinte den Unternehmerfreund, der nach unserem Telefonat in die Geburtstagsgesellschaft zum 85sten des früheren Bonner Schaltgerätefabrikanten geplatzt sei und kundgetan habe, er kenne da einen Spitzenmann als OB-Kandidaten. Wer das sei, dürfe er aber noch nicht verraten. Dafür erfahre ich nun nicht, was vorher bei der Findungsbesprechung um acht herausgekommen ist. Derweil geht mir aber schon mein Wahl- und Amtsmotto durch den Kopf:

"Bürgernah, für jeden da - ein Anwalt für Bonn!"

Den teile ich doch schnell noch Helmut Stahl, ebenfalls BlackBerry-vernetzt, mit. Susanne findet ihn, auch Stahl, nicht schlecht und begleitet das OB-Thema zunehmend gelöst. Ob's daran liegt, dass ihr jetziger Chef Neumann Kollege von Stahl und damals neben ihm parlamentarischer Staatssekretär von Rüttgers war?

Von: recktenwald@mobileemail
Gesendet: Donnerstag, 5. Juni 2008 08:14
Betreff: Ein Gespräch, das niemals stattgefunden hat, Teil sieben

Noch etwas zuwarten und Tee trinken. Kein Problem. Auch die bevorstehende Wahl in den sechsten Aufsichtsrat ließe sich später zurückdrehen. Außerdem muss ich gestehen, dass mich die OB-Sache jetzt mehr wie eine eigentümliche Mandatsakquisition beschäftigt und ich innerlich eher unaufgeregt bin, vielleicht sogar zunehmend verlustängstlich werde. Dabei kommt mir nun auch die angeblich nicht zu unterschätzende Komponente in den Sinn, die Helmut Stahl letzten Mittwoch angesprochen hatte, nämlich diejenigen Menschen in Bonn, die bisher nicht unbedingt zu meinem persönlichen Umgang gehören und die ich erst dreimal beim Rosenmontagszug vom Karnevalswagen aus erlebt habe. Das war zum Teil in der Tat krass und könnte mir auf Dauer das Bonngefühl verleiden. Dann doch lieber mit den bisherigen Mandanten leben und nur noch ausgewählte Mandate dazunehmen? Das könnte runder sein. Dazu passt dann irgendwie auch das Lebensmotto meines Vaters, "ich bin ich und alle anderen sind Frisöre". Der Apfel fällt ja nicht weit vom Stamm. Mal sehen.

Helmut Stahl hat sich dann doch schon vier Tage nach der Findungssitzung gemeldet. Seine Rückmail klingt konstruktiv bemüht und aufrichtig, zugleich aber etwas hilflos. So ist das eben, wenn sich aus der eigenen Truppe kein Freiwilliger meldet oder allenfalls Innendienstkranke zur Verfügung stehen. Ist da aber ein Söldner wirklich besser? Vielleicht doch.

Von: recktenwald@mobileemail
Gesendet: Mittwoch, 11. Juni 2008 00:03
Betreff: Ein Gespräch, das niemals stattgefunden hat, Teil acht

Zuerst ein Herr und dann ein Knecht? Der mitlesende Verleger rät schon fast ab. Ich solle die Gestaltungsmöglichkeiten entscheiden lassen, die man mir einräumt. Wer aber soll das außer dem Wähler tun, sonst steht doch niemand vorn. Mutig und auf eigenes Risiko vorpreschen, sich das eine oder andere blaue Auge holen und auf die Einsichtsfähigkeit der Überzeugten setzen, das wäre wohl eher meine Devise. Oder ist das zu blauäugig? Für Susanne jedenfalls steht fest, dass ich als OB mein "Tyranno-Clausus-Syndrom" ausleben würde. Zwar wollte ich bestimmt kein Alleinherrscher sein, mein Motto bliebe aber, "geführt wird von vorne". Dies mit der Erkenntnis, "gib zwei Leuten einen Auftrag und Du kannst sicher sein, dass keiner ihn erledigt". Also selbst machen oder konkret delegieren. Basta!

Witzig ist, wie unterschiedlich die ins Vertrauen gezogenen Freunde und Weggefährten reagieren. Der Büroleiter etwa, dem's beim Mittagessen angedeutet wird, sagt sofort, "es ist verrückt, aber das ist genau Ihr Job, das werden Sie perfekt machen". Der Kürschnermeister denkt sogar an Neid und Missgunst, wenn ich von Bedenkenträgern berichte, "Du musst das machen". In die gleiche Richtung stößt Trauzeuge und Aufsichtsratsvize Georg, der es für "zauderschwul" hält, um die Sache herum zu schreiben und nicht endlich klar "ja" zu sagen. Zaudernd kommen mir jetzt auch die Sozien vor, von denen mir Partner Hanno noch am besten gefällt, wenn er sagt, "tu Dir das nicht an, aber wenn Du's machst, sind wir stolz auf Dich und Du hast unsere volle Unterstützung." Diesen vier nehme ich ab, dass es ihnen um mich geht, bei den übrigen bin ich mir da noch nicht so sicher.

"Ein Arzt für Bonn, weil Sie krank sind," oder "ein Kürschnermeister, der Ihnen das Fell über die Ohren zieht," gehe gar nicht, meint letzterer. Ich solle dann lieber auch den "Anwalt für Bonn" weglassen, weil die Wähler doch kein Rechtsproblem hätten. Eher den "Bonner für Bonn" hinzufügen oder besser nur das "bürgernah, für jeden da" allein wirken lassen. Vielleicht noch "Ihr neuer Oberbürgermeister" dranhängen und den Namen ohne Dr. davorsetzen. Auch "Bürgernah, für jeden da, Claus Recktenwald, der bessere Oberbürgermeister", gehe. Sonst eben "Claus Recktenwald - ein Bonner für Bonn" als Überschrift, darunter das Foto und zum Schluss "bürgernah, für jeden da - unser neuer Oberbürgermeister". Dazu eine Patchwork-Gruppe, die das "unser" besetzt und mich umringt. Das müsste 'mal einer zusammenstellen. Vielleicht mein Sekretariat, Frau Spieß, gerade eingeweiht, auch weil sie Zugriff auf diese Aufzeichnungen nehmen kann.

Susanne erzähle ich die aktuelle Entwicklung seit meiner ersten Email an Helmut Stahl, von der sie auch noch nichts wusste, im Asia Pavillion des Kempinski Grand Hotel Heiligendamm an der Ostsee. Ein wunderbarer Platz. Die nette Kellnerin aus Thailand, die noch nie Alkohol, Tee oder Kaffee getrunken haben will, weil zur Hitze zuhause nur Wasser passe, schlägt zunächst einen "Liesling" vor. Nach Domburg winke ich sofort ab und bestelle den Weißburgunder. So bleibt alles friedlich, im übrigen kein Widerspruch zu meinem OB-Referat. Nur das "-ein Anwalt für Bonn" müsse ich unbedingt stehen lassen, da es perfekt passe und doch von ihr stamme. Bene! Dann wird's also

> "Bürgernah, für jeden da - ein Anwalt für Bonn,
> Claus Recktenwald, Ihr neuer Oberbürgermeister".

Auf der Rückfahrt nach Berlin fragt Susanne sogar noch nach, wie die Beteiligung an den Sozietätserlösen denn aussähe, gesetzt den unwahrscheinlichen Fall, ich würde Bürgermeister. "Oberbürgermeister", korrigiere ich und erwidere, dass nur alle Aufsichtsratsvergütungen an mich ausgekehrt werden sollten, ich auch gerne mein Büro behalten, im übrigen aber keine Forderungen stellen würde. Allerdings dürfe die ohnehin knappe Pensionsregelung der Sozietät nicht noch weiter beschnitten werden, zumindest dann nicht, wenn ich für höchstens zwei OB-Perioden fehlte. Sonst könne man aber auch andenken, die zu quoteln. Seit 1990 bin ich dabei, bis 2026 müsste ich noch, ggf. also die aktiven Jahre bis zum Ausscheiden nehmen und mit der Gesamtzeit seit Eintritt ins Verhältnis setzen. Ginge alles. Überhaupt nicht gehe allerdings mein "Klartext" zum Mondriaan-Abend in Teil zwei (a-Fassung), hält mir Susanne zum Wochenendabschluss noch entgegen. Ich hatte ihr einen erstmaligen Einblick in meine bisherigen Aufzeichnungen gewährt, was wohl ein Fehler, zumindest aber zu früh war. Die ungefilterte Wiedergabe privatester Gesprächsinhalte sei ein Vertrauensbruch ohnegleichen, erinnere an Stasimethoden und sei auch nicht damit zu entschuldigen, dass ich mich mittlerweile als öffentliche Person fühlte. O. k., ich helfe sofort mit der Streichung von zwei Absätzen ab, mache das zur "b-Fassung" und kennzeichne es mit dem Passus, "die Details tun jetzt nichts mehr zur Sache". Die Menschenwürde ist nun einmal unantastbar. Das sehe auch ich nicht anders, der Spaß an der drastischen Schilderung muss da zurückstehen. Der Wahrheit tut das aber keinen Abbruch.

Nach Bonn zurückgekehrt, ruft Helmut Stahl an. Er habe mich am Wochenende auf dem Handy nicht bekommen, auch meine Rückmail nicht. Mist! Erst beim Finder, jetzt bei ihm, ich hole das direkt nach. Vorher will er nur wissen, ob ich meine Kandidatur zurückzöge, wenn die Bedenken zur Nähe zum Unternehmerfreund überwiegen würden und man mich bäte, das Mandat insgesamt ruhen zu lassen. Ja, täte ich, dann bliebe ich lieber Anwalt. Er wirkt bedrückt, bleibt aber freundlich. Am Freitag trifft sich die Findungskommission erneut. Vorher wollen wir noch einmal telefonieren.

Von: recktenwald@mobileemail
Gesendet: Sonntag, 15. Juni 2008 10:30
Betreff: Ein Gespräch, das niemals stattgefunden hat, Teil neun

Sehr kameradschaftlich hatte Trauzeuge Georg noch beim Unternehmerfreund nachgearbeitet und dessen Bedenken zerstreut. Die erneute Mailversendung an Herrn Stahl solle ich deshalb ohne die sms-Einschränkung zur „OB ade"-Empfehlung aus Ibiza vornehmen, desweiteren von der peinlichen Sendezeit 1:22 Uhr wegholen. Beides kannte Georg aus dem nicht angekommenen Vorstück. Ich will's aber lieber authentisch lassen und nur einen geeigneten Vorspann wählen. Dabei ist bei der CDU jetzt wohl tatsächlich Saure Gurken-Zeit. Denn eben ruft mich die Amtskollegin beim Kölner Anwaltverein an, deren Gatte doch schon seit über drei Jahren wieder aus dem Stadtrat raus sei und zuletzt erfolglos um ein Bundestagsmandat gekämpft habe, wen ich denn als Europarechtlerin, gerne parteilos, aber mit politischem Interesse kenne. Ob's wieder um die Suche nach dem Europaabgeordneten gehe, von der mir der Ehemann gerade erst erzählt habe, hake ich nach. "Genau, die wollen jetzt aber nur noch eine Frau und mir ist das zu undynamisch", heißt es zurück. Also bleibe ich wohl auch als parteiloser OB-Kandidat bei der CDU voll im Trend, denke ich mir, sage aber nichts. Zur Ablösung einer SPD-Frau darf das hier sicherlich auch ein Mann sein.

Helmut Stahl, den ich seit unserem ersten Gespräch als meinen Vertrauten empfinde, mailt noch am Vorabend der nächsten Findungssitzung zurück: "Ist schon alles ok und einsichtig. Ich werde vorsichtig weiter agieren." Dieses leichte Zurückrudern gefällt mir eigentlich ganz gut, so bin ich es wenigstens nicht, der den Schwanz eingekniffen hat, wenn es am Ende nicht klappt. Ich bleibe dann als pflichtbewusster Bonnbekenner im Gedächtnis, der angesehen und weitgehend unabhängig ist. Erst am Nachmittag hatte ich Partner Hanno diese Stoßrichtung auf die Frage zugegeben, wie es mir denn sonst so gehe. Im übrigen sei ich irritiert, dass die anderen Partner nicht einmal mehr nachfragten. Er sei der einzige mit einer klaren Ansprache gewesen, bei den anderen vermisste ich etwas "den Hintern in der Hose". "Die haben

Angst, Dich zu verlieren und dass Du trotzig reagierst, wenn sie Dich von der Sache abzuhalten versuchen", lautet die vorsichtige Erwiderung. Na ja, man muss den Quatsch auch nicht überbewerten und langsam gut sein lassen, lieber aufrecht weitermarschieren, everybody's darling bleiben und doch nichts ändern. Witzig ist dann aber schon, dass noch beim Mittagessen am selben Tag der Schulkamerad und Weggefährte David Eisermann spontan gemeint hatte, eigentlich müsste ich unbedingt Oberbürgermeister werden, ich wüsste doch alles von Bonn. Als Journalist und Radiomann hört er auch meinen Regionalgeschichten gerne zu, ich habe ihn aber trotzdem nicht eingeweiht. Der wollte mich sonst womöglich noch auf Sendung bringen. Lieber den behutsamen Rückzug beibehalten und ihn später diese Aufzeichnungen lesen lassen. Er wird's verstehen.

Von: recktenwald@mobileemail
Gesendet: Freitag, 27. Juni 2008 18:12
Betreff: Ein Gespräch, das niemals stattgefunden hat, Teil zehn

Bevor Helmut Stahl den mir mitgeteilten CDU-Landesparteitag und seine Grundsatzrede über die Bühne bringt, schicke ich ihm doch noch meine generelle Sicht der Dinge. Vielleicht war's zu anmaßend, jedenfalls war es mir ein aufrichtiges Bedürfnis. Susanne liest es am Folgetag und meint, "gut, Du hast Dich distanziert". Ich wollte allerdings weniger zurückrudern als herausstellen, dass es selbst mir peinlich wäre, wenn seine Partei wirklich kein Eigengewächs findet.

Am Dienstag-Morgen danach greift der Unternehmerfreund zum Telefon und wir widmen dem Thema nach Vorgeplänkel zum Aufbau einer Solarautoproduktion eine gute Stunde. Er habe Uli Kelber, der definitiv nicht antrete, gestanden, dass da ein ausgezeichneter Mann aus seinem Umfeld für die CDU kandidiere. Wer das sei, da komme doch nur ein Vorstandsmitglied in Betracht, habe der erwidert. Er verwechsele wohl Vorstand mit Aufsichtsrat, habe es zurückgeheißen, mehr nicht.

Ob die OB noch einmal ins Rennen gehe, sei offen. Wenn die nicht antrete, hätte ich Feuer frei. Ansonsten sei es für alle Beteiligten aber vielleicht das Klügste, ihr zu stecken, wenn sie wirklich wolle, lasse man ihr den Vortritt und sehe keine Notwendigkeit mehr, das Amt als Parteiloser zu übernehmen. Tatsächlich hatte der Finderfreund ja beim Gespräch, das niemals stattgefunden hat, den Nichtantritt der OB erwähnt, der dann auch zur Geschäftsgrundlage erhoben werden könnte. So käme ich perfekt aus der Sache raus und keiner könnte sich das Maul über einen starken Mann und dessen Machenschaften im Hintergrund zerreißen. Der will und soll der OB aber in diesem Sinne Mut zur erneuten Kandidatur machen.

Wir sind uns einig, auch darüber, dass ich lieber in die Regierungskommission Deutscher Corporate Governance Kodex kommen und noch ein vernünftig dotiertes Dax-Aufsichtsratsmandat anstreben sollte. Er wolle sowieso noch dem letzten Commerzbank-Vorstands-, jetzt AR-Vorsitzenden Müller als Mitbegleiter einer Kanzlerreise schreiben und zur Übernahme des Kommissionsvorsitzes nach Gerhard Cromme gratulieren. Warum nicht meinen Artikel zum Thema "Der Aufsichtsrat und das Korsett des Vorstands" aus dem letzten Anwaltsblatt beifügen? Gut, ich liefere auch das Anschreiben und sehe klarer. Am nächsten Tag noch nach Düsseldorf zum sehr ordentlich besetzten PWC-Round Table für Aufsichtsräte und die Geschichte um drei Uhr nachts dem früheren Postfinanzvorstand, der ebenfalls aus dem Nähkästchen plaudert, an der Hotelbar im Flughafen-Maritim anvertraut. Der sagt allerdings spontan und entschieden, "machen, meine Frau und ich wählen Dich", bevor wir auf den Wettkampf Audi gegen Porsche, ein R 8/911er-Rennen nach Bonn verzichten und uns zum Hotelfrühstück um halb zehn verabreden. Sehr schöner Abend mit einem wirklich netten Menschen, den ich völlig verkannt hatte.

Nachmittags erreicht mich dann Helmut Stahl auf dem Handy, wir müssten noch einmal reden, ob er am 25. vorbei kommen dürfe, er sei vorher im Rathaus. Darf er, auch wenn mir seine Woche Tauchstation eigentlich gefallen und ich schon gehofft hatte, der Spuk sei vorbei. Zwei Tage vor dem für halb acht abgestimmten Gespräch, das mit dem EM-Halbfinale Deutschland gegen Türkei kollidieren könnte, treffe ich auch noch auf einen begeisterten Willi Frings, der mir von einer Kundennachfrage zu meinen Sympathiewerten berichtet. Rüdiger van Dorp, von dem mir schon der Verlegerfreund gesteckt hatte, der sei als Vertreter des Citygewerbes wichtig, habe beim Haareschneiden gefragt, "was hälst denn Du eigentlich von dem Recktenwald?" "Supertyp, schon deshalb, weil der so viele Arschlöcher erträgt", habe der Friseurmeister geantwortet und sei damit auf fröhliche Resonanz gestoßen. Oh je oh je, was läuft denn da? Ich verrate natürlich nichts, nur am Abend vor dem Termin meinem Stellvertreter vom Bonner AnwaltVerein nach der Lehrlingsentlassungsfeier im Rheinhotel Dreesen, da der ja für mich einspringen müsste. "Lass das, die finden nur keinen, Du musst da jetzt wieder irgendwie rauskommen, dabei kann ich Dir aber nicht helfen". Am Morgen danach spricht's auch der Unternehmerfreund nochmal an, mit dem ich die am Nachmittag anstehenden Quartalssitzungen der Aufsichtsräte seiner vier Aktiengesellschaften kurz vorbesprechen muss. Er merkt allerdings, dass mich Abraten ins Gegenteil verkehren könnte und ich Angst vor Fahnenflucht zeige. Er schwächt deshalb ab und schließt, "mach's, wenn's Dich glücklich macht, ansonsten bloß nicht, der Hype der Wahlnacht ist ruckzuck verpufft, das Stadthaus schrecklich. Möglicherweise bringt die SPD aber den Polizeipräsidenten, dann könnte man's ja nochmal überlegen." Ätzend, diese Rumeierei! Ein klares Nein am Abend muss her. Das fällt mir noch schwer, zunehmend aber leichter. Hoffentlich kommt Helmut Stahl von sich aus drauf.

Tut er nicht. Auf mein vorsichtiges "emotional ja, rational nein" meint er nur, da seien wir beim letzten Gespräch aber schon weiter gewesen. Für ihn sei ich die erste Wahl. Am 3.7. treffe man sich wieder, ob ich Hilfe, weitere Gespräche oder einfach nur Ruhe brauchte. Er nehme es allerdings nicht persönlich, wenn ich absagte. Das hatte ich mit dem Bekenntnis erfragt, ihn zu schätzen und ihn nicht verstimmen zu wollen. Dass das nicht uneingeschränkt für die kommunale Ebene seiner Partei gelte, zu der ich mich aber bekennen müsse, hatte ich mit kurzem Schlenker auf das WCCB hinzugefügt. Davon wusste er nichts, will es auch wieder vergessen, stellte aber die genau richtige Frage, ob denn nicht unter einer Camouflageplane zuende gebaut und erst dann mit überschaubarem Schaden umgepolt werden könne, was ich bejahe. Im übrigen folgten der Offenlegung des Kandidaten im November -auch die SPD werde sich nicht früher outen- natürlich nicht nur die Karnevalsverpflichtungen, sondern ein echter Wahlkampf. Sein Job sei erst einmal erledigt, wenn er mich "gefunden" und der Kreis-CDU vermittelt habe. Wir vereinbaren dazu, dass ich mich bis Montag, den 30.6., entscheide und ihm Bescheid gebe. Schon nachts formuliere ich dann aber zum

Betreff Findung und Entscheidungsfindung

folgendes vor:

Lieber Herr Stahl,

ohne Verzug zu entscheiden und dabei zu bleiben, ist Entschiedenheit. Die fehlt mir in unserer Sache, sie ist mir unter Abwägung aller erwünschten und unerwünschten Folgen abhanden gekommen. Das Wort "ent-scheiden" heißt nach seinem Ursprung gerade für unser Projekt, "das Schwert aus der Scheide ziehen" und den Kampf auch aufnehmen wollen. Das will ich nicht, da haben nicht zuletzt Sie mir sehr einfühlsam und ehrlich die Augen geöffnet.

Bitte haben Sie Verständnis dafür, dass ich unter den gegebenen Umständen für eine Kandidatur nicht zur Verfügung stehe. "Bürgernah, für jeden da - ein Anwalt für Bonn" will ich gerne bleiben, dies aber im Gewand des freien Berufes als unabhängiges Organ der Rechtspflege.

Ihnen danke ich sehr herzlich für Ihren Einsatz, das in mich gesetzte Vertrauen und auch dafür, dass Sie aufrichtig und gewissenhaft eine erfolgreiche Politik verfolgen und mitgestalten.

Ihr Claus Recktenwald

Während ich diesen Entwurf tippe, von dem ich jetzt weiß, dass ich ihn bereits am Freitag-Abend genauso versenden werde, schallt das Gehupe von unzähligen Autos durch die Nacht, die unentwegt den deutschen 3 : 2-Einzug ins EM-Finale heraustönen. Nein, weder diese noch andere Massenbekundungen brauche ich wirklich, selbst das AnwaltVereins- oder Hauptversammlungspublikum eigentlich nicht. Das mag ich aber zumindest. Und gut ist.

Schon den Donnerstag und Freitag als innerlich freierer Mann auf der DCGK-Konferenz in Berlin verbracht und als ersten den netten, sich mit seiner "Chief Executive Officer Deutsche Post AG"-Karte vorstellenden Frank Appel an der Rezeption angesprochen. Es folgte ein freundliches Bonn-Gespräch beim Aperitiv, auch über seinen früheren Finanzvorstand -"ach, den kennen

Sie"-, seinen Vermieter, den Bruder Marc des Unternehmerfreundes, und meinen SolarWorld- und SolarParc-Vertreter Georg, seinen Konzernkartellrechtler. Schließlich aber doch noch den ThyssenKrupp-Statthalter Uli Schmitz ins Vertrauen gezogen. "Was hätte Dein Vater Karl, mein verstorbener Senior und Kanzleigründer, wohl gesagt?" "Ganz klar, machen, und der hätte das auch gemacht, weil es richtig ist. Ich aber rate Dir glattweg ab, mein Freund und Dein Partner Hanno hat völlig recht." Wir gucken uns um und sehen Ackermann und Breuer, Löscher und Cromme, den oben erwähnten Müller, an den ich aber leider nicht rankomme, und sonstige Topleute der Wirtschaft, die mit der Bundesjustizministerin und uns das Kempinski-Dinner am Begrüßungsabend genießen. Ist das wirklich besser? Man weiß es nicht, das Thema ist aber durch.

Von: recktenwald@mobileemail
Gesendet: Sonntag, 29. Juni 2008 13:19
Betreff: Ein Gespräch, das niemals stattgefunden hat, Résumé

Und die Moral von der Geschicht'?

Bedenkzeit ist der Feind der Entschiedenheit.

Man kann nicht auf jeder Hochzeit tanzen.

Hilf Dir selbst, dann hilft Dir Gott.

------Originalnachricht------
An: +4915117401xxx
Gesendet 27 Jun 2008 18:44

Lieber Herr Stahl,

kurz vor dem Abflug aus Tegel habe ich gerade meine Rückzugsmail auf helmutstahl@xxx.net gesandt. Bitte ärgern Sie sich nicht.

Ihr Claus Recktenwald

Von: recktenwald@mobileemail
Gesendet: Freitag, 8. August 2008 23:38
Betreff: Nachtrag eins zum Gespräch, das niemals stattgefunden hat

Also doch: "Bärbel Dieckmann hört auf", so der GA-Aufmacher vom 5.8.2008 mit links winkender, rechts Blümchen haltender OB und der Fotozeile, "Abschied vom Rathaus". "Persönliche Gründe" seien es, wird auf der Titelseite hinzugefügt, der "exzellente Kandidat" heiße Ernesto Harder. Schon der Kommentar auf Seite zwei bezweifelt allerdings, dass diesem jungen Nachwuchsmann die Schuhe seiner Parteifreundin passen könnten. "Andererseits: Ob die CDU noch einen Kandidaten findet, der das Zeug zu einem hervorragenden Oberbürgermeister hat, ist völlig offen."

Was wollen die von mir, beschleicht es mich spontan, muss ich jetzt doch noch antreten? Nach meiner Absage hatte ich Helmut Stahl ja einfach aufgefordert, es selbst zu machen, weil er der Beste sei. "Keine Option" hieß es dann aber dankend zurück. Wer macht's stattdessen? Die FDP will den Sparkassen-Direktor Werner Hümmrich bringen, wissen wir aus dem GA von vor einem Monat. Nett, aber auch der ist kein Mann für alle. Dann doch lieber den Anwalt für Bonn - bürgernah, für jeden da? Den hat auch der jetzige GA wieder auf Seite 13 mit einem Leserbrief zugelassen, diesmal zum Stromsparen als Einstieg in den Kernkraftausstieg, leider durch Kürzung etwas verstümmelt. So war das zuvor auch bei der MVA-Rückbauforderung. Nur in Sachen Kultur durfte sich der Anwalt zweimal ungekürzt äußern, zunächst zu Schlingensiefs "Freax Debakel", danach, erst vor drei Wochen, zu "Kresniks Rundumschlag", jeweils zugunsten des gescholtenen Generalintendanten und rotarischen Freundes Klaus Weise. Dafür hatte sich dann sogar ein FDP-Stadtverordneter per Email bedankt, war doch nett.

Der Abschiedsmitteilung folgt einen Tag später ein Gesamtaufriß zur OB-Situation. Alle äußern sich dabei lobend über die OB, die nun kundtut, sie höre nur auf, weil sie das zum richtigen Zeitpunkt tun wolle. Es blieben im 15ten Dienstjahr aber noch wichtige Projekte wie das Kongresszentrum zu erledigen. Der GA-Kommentar kratzt dann erstmals nach, ob es da wohl noch zu Überraschungen komme - was tun? Ich greife es einfach noch einmal auf. On verra ...

Von: recktenwald@mobileemail
Gesendet: Freitag, 15. August 2008 08:03
Betreff: Nachtrag zwei zum Gespräch, das niemals stattgefunden hat

Da bekommt Helmut Stahl also doch noch meine Bekennermail, und zwar aus dem Jet von Basel, unmittelbar vor der Landung in Wahn. Der Unternehmerfreund, mit dem ich in Rheinfelden/Baden eine Siliziumfabrik einzuweihen hatte, war dafür mitverantwortlich. Er wisse nicht, ob er mich richtig beraten habe und sei nach Ernesto Harder, der gar nicht gehe, dafür aber nichts könne, doch schwankend geworden. Später fügte er noch hinzu, ich hätte ja auch keine Kinder und müsse mich dann eben anderweitig unsterblich machen. Das hatte er aber von meinem Trauzeugen Georg, wie ich drei Tage später erfahre.

Diesmal reagiert Helmut Stahl sofort, jetzt allerdings erstmalig ohne Niederschlag bei mir. Emails sind eben doch nicht zuverlässig. Deshalb beim 49sten Geburtstag des Unternehmerfreundes nicht nur dem die ersten 49 Aufzeichnungstage zugeeignet und dann mit den zugleich zur Sitzung erschienenen Aufsichtsratskollegen kurz die seit Juni vom Deutschen Corporate Governance Kodex empfohlene Vorerörterung der vor der Veröffentlichung stehenden Quartalszahlen betrieben, sondern danach endlich das eigentliche Thema des Arbeitsessens angepackt. Das zieht sich im schönen Forissimo-Garten bei etlichen Weißweinflaschen von eins bis halb neun hin und ergibt schließlich unter weiterer Hinzuziehung des noch mit unserem Godesberger Vertrauensjuwelier dazu gestoßenen Konzernsteuerberaters ein einstimmiges Ergebnis: Machen! Nur Aufsichtsratskollege Alexander sieht es zunächst noch anders, lässt sich dann aber ebenfalls stimulieren. Dies wohl auch vom "Ruck" und der "tollen Sache für Bonn", die der per Handy aus Sylt dazu geschaltete Altgeschäftsführer unserer führenden Regionalzeitung begeistert beisteuert.

Nun aber schnell die sms an Herrn Stahl, dass da vielleicht wieder eine Email von mir in seinem Spamfilter gelandet ist und man doch miteinander reden sollte. War die aber gar nicht. "Habe Ihnen geantwortet, würde Sie gerne Mittwoch sehen, bin gerade in Sitzung", ist die sofortige sms-Reaktion. Gesagt, getan; mittwochs zeigt er mir dann zunächst den Ausdruck seiner tatsächlich erst am selben Morgen zurückgekommenen Mail, die sich irgendwie im Datendschungel verirrt hatte. Sie ist sehr nett abgefasst und äußert Freude über meine Reaktion, verschweigt aber auch nicht, dass Harders Benennung doch wieder Bewegung gebracht hat. So habe er jetzt mindestens einen anderen guten Kandidaten aus dem eigenen Lager, das müsse er mir schon sagen. Finde ich aber gut, ich will mich nur nicht verweigern und weiß jetzt endlich, dass ich Spaß an der Sache hätte. Er wohl auch noch an mir, hält sich im übrigen aber etwas bedeckt. Dass Peter Finger, der seit heute von den Grünen nominiert ist, von mir geduzt wird, SolarWorld-Mitarbeiter ist und mich als Vertrauensperson respektiert, störe eher nicht, das wisse er auch schon. Nur noch meine Konditionen zur verbindlichen Weitergabe an den erst wieder am 22.8. tagenden Findungsausschuss will er letztmalig wissen. Da hat sich nichts geändert, ich erkläre nur noch kurz, warum. Weiß er aber auch schon alles, ich komme mir fast geschwätzig vor.

Die Ischia-Woche ab dem 24.8. könne vielleicht der vorerst letzte unbeschwerte Urlaub sein, schließt er ab. Meine etwaige Nominierung sei wohl nicht lange geheim zu halten, es seien doch schon zu viele eingeweiht. Definitiv lege sich aber auch die SPD erst am 22. November fest.

Susanne teile ich das auf der Fahrt nach Hause aus dem Auto mit. Sie ist in Sachen Gedenkstättenkonzepte und Stasi-Unterlagenbehörde in Berlin, die Aufarbeitung des DDR-Unrechtes hält sie und ihr Referat weiterhin auf Trapp. Zunächst aber hört sie mir geduldig zu und freut sich wohl auch, dass ich sie 'mal etwas früher hinzuziehe. Die Statusbeschreibung bekommt dann auch uns beiden gut, fühle ich zumindest. Danach belohne ich mich mit einer schönen Probe in meinem "Selbstverwirklichungszimmer" unter'm Dach, in dem Susanne zur Zeit vier Keyboards und diverse Verstärker erträgt. Dazu habe ich mir den Profi-Bassisten Hans Greuel eingeladen, mit dem ich gerne das Duo "few notes" in Anlehnung an die "blue notes" im Jazz umsetzen würde. Das hat ein CD-Kauf bei meinem letzten Berlin-Aufenthalt ausgelöst. "Bill

Evans - Piano Player" hat mich da nachhaltig begeistert, wie der mit Eddie Gomez schon 1970 harmoniert hat. Einfach phantastisch, die erst 1998 veröffentlichten Aufnahmen aus New York City. Hans und ich sind zuletzt vor rund 25 Jahren im Juridicum mit E-Bass und elektrischem Flügel aufgetreten, einem Yamaha CP 70, den ich mir von meinem damaligen Klavierschüler Norbert, jetzt Psychiater, geliehen hatte und erst aus der Altstadt zum Konzert schleppen musste. Danach hatten wir noch etwa 10 Jahre die vierköpfige Band Birdland mit immerhin fünf ganz passablen Plattenproduktionen, die bisweilen auch heute noch im Radio laufen. Jetzt aber life zum Einstieg fünf meiner alten Eigenkompositionen auf dem neuen "Nord Stage Lead"-Profikeyboard angespielt und drei davon fast konzertant gemeistert. Das könnte 'was werden. Nur meine geliebten Standards will er nicht dazumischen. "Das kann ich nicht", sagt er zwar, "das ist mir viel zu abgedroschen", meint er aber in Wirklichkeit, was schade ist. O. k., auch eine softe eigene Nummer bringt's vielleicht - nach der Wahl zum OB auf dem Marktplatz?

Von: recktenwald@mobileemail
Gesendet: Freitag, 15. August 2008 12:00
Betreff: Nachtrag drei zum Gespräch, das niemals stattgefunden hat

Jetzt stehe ich wieder da, wo ich am Freitag vor Pfingsten nach dem rotarischen Meeting war. Ich bin bereit und halte es mit dem alten Wahlspruch, "Vertrau' auch Du der CDU". "Willy wählen", hatte die SPD damals dagegen gesetzt. Die werden wohl auch noch einen anderen OB-Kandidaten aufstellen. Dann gibt es eben einen Wahlkampf, muss man vielleicht auch 'mal durchlebt haben.

Aber was ist das? Da mischt sich doch zwei Tage nach Stahls Besuch schon wieder der General-Anzeiger mit einem ganz merkwürdigen Seite 1-Aufmacher ein. "Stadtdirektor Volker Kregel (50) soll für die CDU als Kandidat für das Oberbürgermeisteramt in die Kommunalwahl 2009 ziehen. Das schlägt die Findungskommission der Partei vor. Ob Kregel das Angebot annimmt, ist noch offen."

Wer konnte denn da das Wasser nicht halten oder spielen die nur noch mit mir? Stahl hatte doch gesagt, erst den werde man ins Rennen schicken, der felsenfest dazu steht. Ich hatte insoweit zwar selbst auf Kregel gesetzt, zuletzt aber angeboten, mit dem zu sprechen, ob der nicht mein Stadtdirektor mit ausgeweiteten Kompetenzen und der Zusage bleiben wolle, sich auch 'mal verdrücken zu dürfen, wenn er das brauche. Ich jedenfalls brauchte ihn sicherlich, hätte aber gehört, dass er sich bisweilen auch gerne in Kaffeehäusern rumtreibt. Das stimme so nicht, wurde mir entgegnet. Was stimmt aber schon? Helmut Stahl hatte am Mittwoch sogar gemeint, man könne mich auf Platz eins der Wahlliste setzen, müsse das aber frühzeitig einstielen. Erforderlich sei das jedoch nicht, da ich als OB geborenes Ratsmitglied sei. Das wiederum hatte ich anders verstanden. Ich dachte, im Rat sei der OB eine Art Aufsichtsratsvorsitzender ohne Stimmrecht, der nur die Versammlungsleitung ausübt und sonst außerhalb des Rates zu regieren hat. Wieder 'was gelernt.

"Kregel wurde gebeten, Anfang kommender Woche mitzuteilen, ob er das Angebot annimmt. Dem GA gegenüber wollte er gestern dazu keine Stellung beziehen. Helmut Stahl, Kommissionsvorsitzender und Chef der CDU-Fraktion im NRW-Landtag, sagte dem GA, er wolle sich zu keiner Personalie äußern: Wir haben alles gut im Griff und lassen uns nicht unter Druck setzen; ich bin sehr optimistisch."

Das klingt dann doch schon etwas anders, was Bernd Leyendecker da auf Seite 7 hinzufügt. Gut, die wollen mit leichtem Pressedruck bis zum 22.8. wissen, ob sie den eigenen Kandidaten schaffen. Am 18.10. sei dann die CDU-Mitgliederversammlung, auf der die CDU die endgültige Entscheidung treffe. Sollen sie machen.

Bon, für mich wird's und will's der Kregel. Susanne sieht, wie ich noch während der Zeitungslektüre den BlackBerry traktiere, die Geschichte müsse schnell fertig werden. "Jetzt lass doch erstmal", meint sie fröhlich und zugleich besonnen. Für mich eine ganz besondere Herzensregung, die mich anrührt und über die ich mich wirklich freue. Allein dafür hat sich die Aktion doch schon gelohnt. Denn zum Schluss und auch sonst haben wir ja nur uns. Gott sei Dank!

Oder doch zu kurz gesprungen? "Herzlichen Glückwunsch, Du hast es geschafft, genialer Schachzug, was die heute lanciert haben. Damit ist der Weg für Dich frei. Kregel wird's nicht, sonst hätten die das vorher klargemacht." So empfängt mich Partner Hanno vor der Deutschen Welle zum diesjährigen Betriebsausflug. War das vielleicht auch Susannes Gespür? Wohin die Reise nun gehen mag, ich bin bereit.

Von: recktenwald@mobileemail
Gesendet: Montag, 18. August 2008 22:33
Betreff: Nachtrag vier zum Gespräch, das niemals stattgefunden hat

Das war ja nett, da noch ein Signal setzen zu wollen, der Zug fuhr aber schon nach Plan. Der mitlesende Verleger hatte am Samstag geklärt, dass die Findungskommission mehrheitlich hinter mir stehe und angekündigt, sein dortiger Vertrauter wolle am Montag mit Kregel sprechen. "Füße stillhalten, alles wird gut", war meine Reaktion, die sich schon am selben Abend bewahrheiten sollte. Hier saß der Verlegerfreund nun bei der Geburtstagsfeier eines Beueler Arztes neben Kregel und erfuhr, dass das mit ihm nichts werde. Einen Vormittag später sitze ich beim Brunch in einem Dottendorfer Garten neben unserem Alt-OB, der meint, in Sachen Amtsnachfolger noch keine Ahnung zu haben, das stelle sich vielleicht beim morgigen CDU-Sommerfest auf dem Hardtberg heraus. Ich fliege derweil nach Berlin und will etwas aufarbeiten, was ich gerade schon bis ein Uhr nachts begonnen hatte, da es in weniger als einer Woche endlich in den Golf von Neapel gehen soll.

Jetzt knallt's allerdings doch schon. Rolf Kleinfeld ruft am Montag um elf in Berlin an, ob ich OB werden wolle, er müsse darüber schreiben. "Emotional wäre das 'was für mich, ich würde mich aber nicht über das Amt definieren", stimmen wir schließlich als erlaubt ab. Er solle sich im übrigen bei Helmut Stahl das placet einholen und ihm von mir ausrichten, dass nur er das Startsignal gäbe. Kurz noch den Lebenslauf erzählt und ihn gefragt, was er denn dazu meine. "Och, das hat 1994 doch auch mit der Lehrerin gut geklappt, warum jetzt nicht mit Dir? Du musst allerdings mit einigen Tretminen rechnen." Er melde sich nachmittags wieder. Schnell Susanne angerufen und vorgewarnt, falls da 'was kommt. Ansonsten "no comment" vereinbart.

Susanne rät dringend, Helmut Stahl anzurufen. Den auch deshalb vorab per sms verständigt und dann beim zeitnahen Rückruf von ihm gehört, das sei "auf gut deutsch Scheiße". Jetzt halte man das

Verfahren nicht mehr selbst in Händen, müsse anderen Kandidaten, die er doch noch habe, vor den Kopf stoßen, und der sorgsam verfolgte Plan gehe nicht auf. Wer denn da gequatscht habe, von ihm habe nach der letzten Findungssitzung vom 8.8. noch keiner erfahren, dass ich jetzt doch wollte. Also deshalb hatte der mitlesende Verleger schon am Freitag von seinem Vertrauten ausgerichtet, ich solle endlich klar nicken und nicht immer nur freundlich lächeln, wenn man sich in der Stadt sähe. "Habe ich doch schon", war da meine naive Reaktion, die dann wohl erst gestreut wurde. Ärgerlich, aber warum regt sich Helmut Stahl wirklich auf? Wir können das doch langsam starten lassen. Nein, ich hätte mich schon viel zu informiert gezeigt. Habe ich wohl auch, aber ist das schlimm? Er muss erst einmal Mittagessen, um das herauszubekommen. Tue ich auch. Derweil sehe ich, dass da auch schon die Rundschau, eine Frau Maul, im Bonner Büro angerufen hat; warum, könne sie nur mit mir besprechen. Die lasse ich besser noch zappeln. Helmut Stahl rät mir am frühen Nachmittag, ihr folgendes zukommen zu lassen, falls ich mich erreichen lassen wollte: "Das alles sind Dinge, die eine Findungskommission zu beschäftigen haben, mich zur Zeit nicht." Rolf Kleinfeld habe er gesagt: "Die Findungskommission wird dem Vorstand der Kreis-CDU und nicht der Presse einen Vorschlag machen." Gut, das stecke ich trotzdem auch noch dem Altgeschäftsführer seiner Zeitung, der sich zwar stets klug aus der Journaille heraushält, vielleicht aber doch seine Hände schützend über mich halten kann, wenn's brenzlich wird.

Danach ist mein Finderfreund am Handy. Ich hätte ja zuletzt abgesagt, ob das noch aktuell sei, gleich müsse er zum CDU-Empfang, da sehe er alle. Ich informiere ihn vollständig und trage letztlich den Inhalt dieses Nachtrages und seine Vorgeschichte vor. Das bin ich ihm schuldig und kommt irgendwie von Herzen. Er freut sich. Die Findungskommission scheint doch komplizierter als gedacht zu sein. Die Findung ist aber vielleicht geglückt. Ich versichere noch, jetzt bei der Stange zu bleiben. Auch das kommt an.

Der vorletzte Anrufer ist Netzwerkprofi Helmut Andreas, der auch jetzt schon wieder alles weiß, mich seiner Unterstützung versichert und sich riesig freut. Er und sein Freund Arndt wollten sich gerne beim Chef der Bundesliberalen und auch beim Ministerpräsidenten NRW für mich verwenden, das sei kein Problem. Da sage ich erst einmal danke, wiederhole aber, dass bisher noch nichts angetragen oder beschlossen sei. "Ich drück' Dich", schließt er. Das erinnert mich an meine neunundsiebzigjährige Mutter, die ich noch vorwarnen muss, damit sie morgen in meinem Elternhaus in Beuel-Süd keinen Zeitungsschock erleidet und auch auf ungebetene Journalisten vorbereitet ist. "Das ist 'ne tolle Nachricht", schließt sie die halbe Telefonstunde und ein sehr harmonisches Gespräch ab. Denn man tau. Für heute mache ich den BlackBerry aus. Fast, da meldet sich zuletzt die Verfasserin des GA-Textes zum Juristenballfoto, das morgen wieder kommen soll. Sie schiebt Nachtschicht und will nur noch den Repetitor im Lebenslauf überprüfen, von dem sie noch nichts wusste. "Ja, stimmt alles, und was meinen Sie?" "Ich find's einfach nur super", ist die schmeichelnde Antwort. Den Rest erzählt die Geschichte, denke ich mir insgeheim.

Der Kandidat

Von: recktenwald@mobileemail
Gesendet: Mittwoch, 20. August 2008 19:50
Betreff: Der Kandidat, Teil eins

Gut, wenn der Verleger es denn will und Transparenz ohnehin mein Motto bleiben soll, dann mag es doch noch weitergehen mit der Wahlberichterstattung und dem Vorgeplänkel dazu. Dass so kalkuliert werden darf, erscheint mir jetzt doch sicher. Der heutige GA-Bericht hat eingeschlagen, eine Welle der Begeisterung schwappt am 19.8.2008 ab sieben über meinen BlackBerry und das Berliner Büro. Alles sehr aufrichtig, von der Gattin eines Bonner Dax-Chefs als erster Gratulantin über Partner, Kollegen und zwei Mitarbeiterinnen, rotarische Freunde verschiedener Clubs, Mandanten, den erweiterten Aufsichtsrat und weitere Vertraute bis zum amtierenden Generalintendanten, dem ausgeschiedenen Präsidenten des Hauses der Geschichte, Schul- und Klassenkameraden, den Brüdern aus Cottbus und London und den Schwiegereltern aus Holzlar. Auch Presse, Funk und Fernsehen erkundigen sich. Der WDR will's nur bestätigt haben, Radio Bonn/Rhein-Sieg nimmt ein kurzes Interview und Rolf Kleinfeld ein Statement zur Resonanz, meinen Dank sowie eine spezielle Herzensangelegenheit entgegen. Von der meint er allerdings, man solle sie zurückstellen, das sei zu privat. Schon den Porsche habe er bewusst weggelassen, auch der gehe keinen 'was an.

Aus dem CDU-Ortsverband Holzlar, dem auch Helmut Stahl und Bundestagsabgeordneter Eisel angehörten, klärt mich dann jemand über eine am Abend stattfindende Sitzung auf. Er steht zu mir als Mandant, von dem ich nicht wusste, dass er in der CDU aktiv ist, und begrüßt meinen Entschluss, will mich zugleich aber auf die Niederungen der Ortspartei vorbereiten. Da müsse ich mir helfen lassen, das sei zum Teil unterirdisch. Auf dem heimischen Anrufbeantworter richtet dann noch der Alt-OB ein dringendes Rückrufgesuch an mich oder Susanne. Von Tegel bitte ich sie, das zu erledigen und fliege nach einer schlaflosen Nacht und einem unkonzentrierten Bürotag, der sonst aber eher unspektakulär verlief, nach Bonn zurück. Einem Bundeskulturprofi und Freund, der mir per sms alle Unterstützung zusagt, teile ich vom Rollfeld noch mit, das Schlimmste sei doch, entweder den schönsten Job weiterzumachen oder dem Geburtstrieb zur Heimatstadt als OB zu folgen, da könne man jeweils nur gewinnen. So sehe ich das tatsächlich.

Um zehn muss ich dann noch beim Alt-OB antreten, der wissen will, was los ist. Ihm gehe es um Bonn und mich als rotarischen Freund. Ob ich das denn überhaupt könne. Ich erkläre, was die bisherige OB meines Erachtens nicht beherrschte, wie unbedarft die angefangen habe und was ich mir selbst zutraute. Das gefällt offensichtlich, auch dass ich mich zu Kregel als Partner auf dem Stadtdirektorenposten bekenne. Ob er mich denn für ungeeignet halte. Nein, von den bestehenden Möglichkeiten sei ich die beste. Ich müsse jetzt nur auf die Parteiarbeit vorbereitet werden. Da wolle er einen Kontakt zu Eisel herstellen, der früher Kreisvorsitzender gewesen, nicht unumstritten und auch kein Mitglied der Findungskommission sei. Mit ihm müsse ich aber sprechen. Ansonsten solle ich, weil die Stadt Bonn ein träger Tanker sei, nicht auf eine, sondern auf mindestens zwei Wahlperioden planen, das seien jetzt 12 Jahre. Auch danach werde die Kanzlei noch von mir profitieren. Dabei müsse ich aber die Genehmigung der Aufsichtsrats-"Nebentätigkeiten" schnellstens abklären. Insoweit dürfe ich in der Außendarstellung auch gerne erwähnen, dass er sein Notariat nie aufgegeben habe. Das sei allerdings nur gegangen, weil er ehrenamtlich tätig war, seien da auch die Bundes- und Landtagsmandate hinzugekommen. Auch das habe aber noch mit amtlich bestelltem Vertreter funktioniert. Ich bedanke mich und erinnere an meinen geradlinigen Senior Karl Schmitz, in dessen Sinne ich das alles abzuwickeln gedächte. Der habe ihn übrigens auch einmal so zu sich zitiert, als es um die Aufnahme eines Rotariers und die Gründung eines neuen Clubs gegangen sei, schließt der Freund schmunzelnd.

Von: recktenwald@mobileemail
Gesendet: Mittwoch, 20. August 2008 20:19
Betreff: Der Kandidat, Teil zwei

"Die Presse ist nie Dein Freund! Eitler Selbstdarsteller", fügt Susanne hinzu, als wir den GA vom 20.8. aufschlagen, "so kommt das jedenfalls beim Parteivolk an." Auf Seite 6 erstrahlt da mein Konterfei, aufgenommen beim Richtfest der SolarWord-Holding vor fünf Tagen, mit der Überschrift: "Viel Zuspruch für Recktenwald". Darunter die Zeile, "Kandidatur, Nur die Kommunalpolitik hält sich noch bedeckt". Danach ein Text aus meiner Warte und die Selbstzitate, mir schlage von Freunden und Bekannten "wilde Begeisterung entgegen" -gesagt hatte ich "Welle der Begeisterung"-, das Schweigen der Politik wertete ich als "gute Nachricht" -das hatte ich überhaupt nicht gesagt. Selbst der ab Samstag bevorstehende "Kurzurlaub nach Italien" wird ebensowenig wie mein gestriger Berlin-Aufenthalt ausgespart. "Du mußt mit diesem Seelenstriptease aufhören", weist mich Susanne zurecht, auch ihr wahlkampferfahrener Gruppenleiter halte Wortzitate in einer solchen Situation für Harakiri. Allerdings meinte der vorletzte OB am Vorabend auch, man könne schon nach vorne gehen, wenn man das Amt wirklich wolle, er hätte in meiner Situation allerdings nur gesagt, da denke er erst drüber nach, wenn ein Angebot auf dem Tisch liege. Was ich da machte, sei dann aber eben mein Angebot. Die Mutter jedenfalls findet auch den neuen Bericht prima und ruft gleich an. Natürlich könne die CDU jetzt noch nichts sagen, ich wirkte aber sehr sympathisch und auch sie höre nur Gutes.

Und was steht über mir? "Asbeck will bedrohte Simbabwe-Löwen schützen. Das schenke ich Bonn zu meinem 50. Geburtstag", stielt er's ein. Das kann ja ein Jahr werden.

Stahl meldet sich freundlich. Er sitze zuhause und denke über die Sache nach. Ich beruhige ihn, er sei weiter "der Boss", ich hielte jetzt auch wieder die Klappe. Nur solle er mir einen ihm genehmeren Kandidaten nicht vorenthalten, wenn es den gäbe. Ich würde dann auch wieder aussteigen und könnte das bestens verpacken. Allein schon, dass der Bonner sich wieder für selbst gemachte Kommunalpolitik interessiere, sei doch schon ein toller Erfolg. Er hält sich hierzu bedeckt, irgendwelche Pöstchenverschiebungen liefen jedenfalls nicht. Er müsse aber Argumente liefern, warum ein parteiloser Konservativer gerade für die CDU gut sei, das frage man jetzt auch aus Berlin. Das ist doch einfach, erwidere ich. Bärbel Dieckmann hat den letzten Wahlkampf für die SPD nur gewonnen, weil man sie mag und sie weder die Farbe rot noch die drei Buchstaben ihrer Partei, sondern stattdessen ein gelbes Bonn-Herz eingesetzt hat. Die letzten CDU-Repräsentanten sind wegen Untreue und Vorteilsnahme angeklagt oder in Untersuchungshaft genommen worden, wo sich Oberstadtdirektor Dieter Diekmann aufgehängt hat, während sich Stadtwerkechef Schreiber nach Kontobeschlagnahme und Geständnis nur noch in den Krebstod flüchten konnte. Das verlorene Vertrauen könne man wohl am Besten mit einem parteilosen Konservativen zurückholen, damit "vertrau auch Du der CDU" wieder funktioniere.

Also da liegt der Hase im Pfeffer, die Bundes-, Landes- und Kreis-CDU muss dogmatisch unterstützt werden. Das ist doch 'mal ein tolles Sachthema. Der Bonner infiziert und identifiziert sich mit einem parteilosen Konservativen, der für die CDU die Kohlen aus dem Feuer holt, damit die wieder auf die Beine und in das Wählerbewusstsein kommt. Dazu müssen wir, nein, die rechtschaffenen Plakatekleber jetzt sofort etwas zu lesen bekommen, und wenn's nur ein Leserbrief ist. Sonst muss ich es eben auf welcher Versammlung auch immer selbst vortragen. Den Text schreib' ich mir schon 'mal in der Ischia-Woche. Vielleicht stelle ich den BlackBerry bis dahin doch aus.

Von: recktenwald@schmitzknoth.de
Gesendet: Samstag, 23. August 2008 09:45
Betreff: Der Kandidat, Teil drei

Na ja, vor Ischia musste zumindest noch der Vize des Bonner AnwaltVereins beruhigt werden, dass die Übernahme des Vorsitzes doch gut zu bewältigen wäre. Der steht ihm wegen befürchteten Zeitverlustes für seine beiden Kinder etwas vor den Zähnen. Eigentlich wie Frank Appel seinen Dreijahresvertrag bei der Post erklärt hatte, ist's bisher auch mir beim BAV ergangen. Das erste Jahr war spannend, das zweite Jahr Arbeit und das jetzt laufende dritte Jahr ist eher Routine, auf die mein Stellvertreter Ralf nur noch aufsatteln müsste. Der erspäht beim gemeinsamen Schnitzel vor'm Stiefel aber erst einmal den Vertrauten des mitlesenden Verlegers aus der Findungskommission in der Bonngasse. Ich stehe auf, nicke ihm feixend zu und bekomme ihn so mit seiner hübschen Tochter, die in Remagen studiere, was tatsächlich möglich sei, an unseren Tisch. Er hat den AR-Vorsitz bei einer Genossenschaftsbank von Ralfs Senior übernommen und hatte schon bei dessen Söhnen um die OB-Kandidatur gebuhlt, erfahre ich jetzt. Einer sei CDU-, der älteste sogar CSU-Mitglied. Auch eine bestimmte Dame, die mir aber nichts sagt, habe man befragt. Die habe jedoch wegen ihres pflegeintensiven Gartens nebst Gatten nach zwei Wochen Bedenkzeit ebenfalls abgesagt. Sodann wird mir die Zusammensetzung der Findungskommission erläutert. Stahl sei ein falscher Fuffziger, dem Bonn egal sei, höre ich heraus. Ich kann das kaum glauben und ergreife vorsichtig Partei für ihn, vergeblich. Desweiteren gehe es nicht, dass man Emails von mir streue, er kenne so einiges, ich müsse das einstellen. Schließlich sei es aber gar keine schlechte Idee, die im letzten Semester befindliche reizende Filia als Wahlkampfmanagerin einzusetzen. Die käme jedenfalls in Sachen "bürgernah, für jeden da", höchst sympathisch rüber, finde ich auch.

Ansonsten hat mich das Gespräch eher runtergezogen. Besser war da das Abendessen mit der eigenen Frau, die beim Griechen sehr spannend aus ihrem Referat, von den da laufenden Projekten, den Bedürfnissen der unterstützten Stiftungen, über das eigenwillige

Haushaltswesen und das Politikgeschäft auf Bundesebene insgesamt berichtet. Auch sie ist schon wieder drei Jahre dabei, was ihren neuen Kulturbereich betrifft. Das scheint so die Zeitspanne zu sein, in der man alles packen kann. Dann sollten in Sachen OB vielleicht doch höchstens sechs Jahre richtig sein. Nach diesem Vormittag und Abend will ich mich eher darauf einstellen. Lang genug, die Kanzlei wird's freuen.

Am Folgetag kommt der amtierende District-Governor zu Rotary. Ich sitze neben meinem Finderfreund, der mich ermutigt, aktuelle zwei Minuten zu gestalten. Die beginne ich mit dem Hinweis auf die Anwaltsgans, die ich alljährlich im November bei einem Juristenempfang besprechen müsse, jetzt aber gehe es vielleicht um eine Zeitungsente. Die Freunde scheinen begeistert und haben offensichtlich Spaß an meiner kurzen Schilderung zu den eigenen und denjenigen Emotionen, die auf seiten der Bonner Bürgerschaft hochlodern. Der einzige Wackelkandidat heiße CDU. Der Finderfreund findet's klasse, wohl auch, weil ich noch alles offen gelassen habe und ihn die Zustimmung zu seinem Baby freut. Dass er mein Erfinder ist, hatte der Vertraute des mitlesenden Verlegers zugegeben. "Der macht das nie, wenn aber doch, unterstütze ich den auch", habe er erwidert. Beide habe ich beim Meeting natürlich nicht erwähnt, nur die "Anfrage einer damit beauftragten Bonner Persönlichkeit", was dem Finderfreund wohl auch gefällt. Trotzdem verrät er mir das neue Sitzungsdatum seiner Kommission nicht. Er kenne ja meine Handynummer.

Danach rufe ich Frau Maul von der Bonner Rundschau zurück, die es zuletzt vor der ersten GA-Veröffentlichung in der Kanzlei versucht hatte und am Sonntag davor sogar zuhause auf den Anrufbeantworter gesprochen habe. Jeweils hätte ich nicht zurückgerufen, was stimmt. Montags war ich im Berliner Büro, sonntags war auf dem Anrufbeantworter nur Rauschen, was die laufende Internetverbindung bewirkt hatte, kläre ich sie auf. Sie wirkt nett und will mich nach der Ischiawoche bei einer Tasse Kaffee kennenlernen. Soll sie. Der Verleger-Vertraute hatte auf sie besonders hingewiesen, sie sei die beste Lokalredakteurin, habe die Story aufgedeckt und wegen meiner fehlenden Rückrufe am vergangenen Wochenende an den GA verloren. Schicksal!

Von: recktenwald@mobileemail
Gesendet: Samstag, 23. August 2008 12:37
Betreff: Der Kandidat, Teil vier

Schade, da kam nun doch noch nichts im Samstags-GA, auch mein Leserbrief zu Rolf Bossis Autobiographie nicht, den ich gerade verfasst hatte, als Rolf Kleinfeld mich am Montag angerufen hatte. Mein Trennkost-Statement, um das mich einige Tage zuvor Rita Klein gebeten hatte, halten die ebenfalls zurück. Allerdings sei die Reihe zu den Lieblingsgerichten ausgesuchter Bonner ohnehin gestoppt worden, war mir schon zugetragen worden. Da gab es gestern auch eine kleine persönliche Kehrtwendung. Nachdem ich am Donnerstag auf der Waage stand und nun sogar 84 Kilogramm ablesen musste, was 30 verlorene Pfunde bedeutete, hatte mich Frau Schwarz von der BAV-Geschäftsstelle morgens mit der Feststellung begrüßt, "jetzt ist aber auch gut". Ich wirkte in meinem Anzug verloren, selbst die Backen erschienen schon faltig. Komischerweise hat das auch der Körper selbst gemeldet, der mir gestern das eindeutige Signal sandte, endlich wieder das Wort "Abendbrot" auszuleben. Also sechs Schnitten zum Käse, das war Premiere seit Jahresbeginn. Nur die Knoblauchspagetti am Hochzeitstag auf Burano und die Tapas zwei Monate vorher bei Marquardts auf der Weinprobe fallen mir noch als nennenswerte Abendsünden ein. Trotzdem will ich aber am Konzept festhalten. Alles in allem fühle ich mich besser.

Schließlich ist die Zurückhaltung im Samstags-GA dann aber zugleich erfreulich. Denn auch die Vortagesmeldung aus dem Handelsblatt und der Welt wird nicht weitertransportiert, dass ausländische Investoren besondere Kritik an der Unabhängigkeit des Aufsichtsrates der SolarWorld übten. Da ist zwar nichts dran, zumal auch die begeisterte ausländische Anlegerschaft den Aufsichtsrat erst in der Hauptversammlung vom 21.5.2008 bei einer deutlich über 50 % liegenden Präsenz mit 99,951 % der Stimmen entlastet und für fünf Jahre wiedergewählt hatte. Ebensowenig beraten und kontrollieren bei uns Abschlussprüfer zugleich oder sind ehemalige Vorstände oder Mitglieder mit nennenswert beteiligten Ehefrauen im Aufsichtsrat, was die Ausländer ebenfalls nicht wollten. Nur die jetzt angeblich zusätzlich ersonnene Anforderung, kein Mitglied solle länger als 9 Jahre im Aufsichtsrat sein, wurde bei uns gerade mit der Verlängerung auf bis zu 15 Jahre seit Gründung verworfen. Das alles hätte allerdings kein GA-Leser verstanden, auch dass das Wort "unabhängig" nach den einsamen Kriterien eines sich selbst dazu ernennenden "Analyseunternehmens European Corporate Governance Service (ECGS) aus London" eher mit "uninteressiert" zu übersetzen wäre. Jedenfalls bin ich froh, im Bonner Blatt davon nichts zu lesen. Zur Abrundung gleichwohl noch die Information, dass die auch bei uns nennenswert engagierten ausländischen Fondsgesellschaften regelmäßig nicht zur Hauptversammlung kommen, sich neuerdings aber Dienstleistern anschließen, die nach einem bestimmten Weisungskatalog von deutschen Aktionärsvertretern abstimmen lassen. In diesem Jahr war das bei uns die DSW (Deutsche Schutzgemeinschaft für Wertpapierbesitz), die aber nur gegen Blockwahlen und die Wiederwahl von Ex-Vorständen stimmen sollte, was es bei uns jeweils nicht gab und womit sich dann auch die guten Ergebnisse erklärten. Jetzt aber gingen genau die mit einer Referentin an die Presse, die sofort unreflektierten Quatsch verbreitete. Ärgerlich auch deshalb, weil ihr Chef eigentlich Freund der Kanzlei und zusätzlich Schwager eines rotarischen Freundes ist, mit dem und dessen Frau Roswitha wir im letzten Jahr so vergnügt durch Israel gereist sind. Die Welt ist auch hier winzig, in diesem Fall allerdings überhaupt nicht witzig. Trotzdem besser Schwamm drüber und Füße stillhalten. Das gilt auch für den OB und die jetzt anfangende Sendepause.

Von: recktenwald@mobileemail
Gesendet: Sonntag, 31. August 2008 21:43
Betreff: Der Kandidat, Teil fünf

Das Castello Aragonese ist zwar zurecht das Wahrzeichen von Ischia. Sich auf eine Woche im darin versteckten Klosterhotel einzulassen, war allerdings -jedenfalls in unserer Paarkonstellation- eher keine Erholung. Zu karg und unkomfortabel das ansonsten museale Ambiente, zu weit und unbequem die Wege zu den eigentlichen Lieblingplätzen auf der Insel. Denen halten wir seit nunmehr elf Jahren die Treue, sonst allerdings von Forio aus. Das wird es nächstes Mal auch wieder. Auf der Habenseite bleiben aber auch in diesem Jahr viermal Poseidon-Gärten in der Citarra-Bucht -leider der entfernteste Punkt von Ponte-, einmal Capri und einmal Napoli. Molto bene, auch die gelungene Vernissage zur Ausstellung "Ischia, Amore mio!" am vorletzten Urlaubsabend im "Cattedrale"-Teil des Castellos mit dem Kölner Cartoonisten Peter Gaymann. Der hatte uns das Burgensemble letztlich eingebrockt. Von ihm haben wir schon die "Paar Probleme" aus der "Brigitte" zur 200 Quadratmeter großen Wohnung, in der man sich nicht begegnen muss, was bei uns genau so zutrifft. Jetzt wird's vielleicht die Soccorso-Kapelle aus Forio, die ich mir von Susanne zum 50sten gewünscht habe. Der Künstler bringt auch noch gleich die beiden Gewinnerinnen des Preisausschreibens der Frauenzeitschrift mit, die ein Wochenende Castello umsonst erleben dürfen und begeistert sind. Sonst bevorzugen wir die wunderbare Wohnung seines Schwagers Florian in den Weinbergen vor Poseidon. Nun war's halt anders, musste aber vielleicht auch 'mal sein. Und in Sachen OB?

Hier erfahren wir am dritten Thermaltag zunächst, dass unser Ischia-Freund auf dem Pädagogium Godesberg Otto-Kühne-Schule, kurz PÄDA, zusammen mit Barbara in einer Klasse war. Die sei zum letzten Klassentreffen mit ihrer reizenden Tochter gekommen, die sie gemeinsam mit dem etwas älteren Schulkameraden, na wem schon, natürlich dem Vertrauten unseres Verlegerfreundes habe, der ihr Ehemann sei. Der war schon seinerzeit in der Schülermitverwaltung aktiv, wenn auch anders als Florian, der stets progressiv sein wollte, erfahren wir noch. Die anderen seien die konservativen Biertrinker gewesen, darunter auch Pietze, mein alter Bundeswehrfreund Christian, jetzt Verwaltungschef der Schule seiner Familie und begeisterter Gratulant nach dem ersten GA-Bericht zum Bürgerkandidaten. Dazu mailt der BAV-Vize aus Bonn, das Hauen und Stechen in der Findungskommission halte an, die treffe sich jetzt am 9.9., um zu einem Votum zu gelangen, über das der Vorstand der Kreis-CDU noch am selben Tag befinden solle. Einer Anlage entnehme ich den Siebener-Verteiler der Findungskommission und damit endlich die mir zu den bekannten fünf noch fehlenden beiden Namen. Zu Barbaras Ehemann erfahre ich im übrigen, seine Volksbank bereite eine Presseerklärung für mich als OB-Kandidaten vor. Eine gute Presse hätte ich auch auf dem 75sten des Seniors von Ralf gehabt. Vier zu drei stehe es in der Findungskommission für mich, die Basis müsse aber noch auf Spur gebracht werden, und zwar von mir mit mehr als einer Ansprache. Letzteres steckt mir per sms der Holzlarer CDU-Mann, der auch darüber informiert, dass am 2.9. eine Sondersitzung von Kreisvorstand und Ratsfraktion zur Stahlkommission bevorstehe. Trauzeuge Georg fügt am Samstag vor dem Dienstagstermin die ihm als Warnung zugetragene Indiskretion aus dem Kreis-CDU-Vorstand hinzu, dann wollten Stahl, dessen Assistentin und Stadtdirektor Kregel auch schon den ominösen Dritten vorstellen. Offensichtlich seien Nägel mit Köpfen beabsichtigt, vielleicht komme aber auch alles ganz anders, was er sich und mir immer noch wünsche. Ansonsten ginge ich eben gestärkt als honoriger Freiberufler aus einer Sache hervor, die für die Orts-CDU doch noch zu groß gewesen sei.

Gut, so oder so. Schon vor diesen Informationen hatte ich mir eine Ansprache zur CDU-Basis zusammengetippt und meinem Finderfreund geschickt, den ich seit der rotarischen Vorstandssitzung vom 4.7. duze. Mehr sollte ich besser nicht tun. Dies auch vor dem Hintergrund der peinlichen WDR-Reportage, die vorgestern in der Lokalzeit-Bonn ausgestrahlt wurde und deren Ton mir der Kürschnermeister per Handy aus dem Netz mit dem Ausruf vorgespielt hatte, das sei "Grotte". Da fistelt ein nervöser Axel Voss und gibt sich eine Pia Heckes genervt, während ein

CDU-Mann namens van Schewick fassungslos auf meinen Namen reagiert. Er sei stinksauer. Stahl werde aber noch ein Ass aus dem Ärmel schütteln, einen "Superkandidaten", der für den Fall seiner Nichtwahl allerdings ein Landtagsmandat verlange. Erst im Dezember sei dann der entscheidende Parteitag. Wieder 'was neues? Ich warte einfach 'mal den 9.9. ab und spiele im übrigen Hase, der von nichts weiß. Vorher sehe ich mir den WDR-Streifen aber doch noch am Hotel-PC an, leider ohne Ton. Die Aufnahmen, u. a. mit mir am Mikro bei der Beratungsaktion "100 Jahre Bonner AnwaltVerein" auf dem Bottlerplatz, sind jedoch furchtbar genug. Da ist fast die CDU-Homepage besser. Die Laune sinkt, der erste und einzige Urlaubsstreit wird ausgelebt. Das verdanken wir ganz klar van Schewick, dem ich dafür Rathausverbot erteilen würde, und dem sonst netten WDR-Mann Wolfgang Zimmer, der unnötig blöd gedreht hat und deshalb keine Freikarte mehr zum nächsten Juristenball bekommt. Beide kapieren offensichtlich nicht, dass Oberbürgermeister von Bürger und nicht von Partei kommt? Hier wäre Parteimeister Voss gefragt. Stattdessen berichtet nun auch der Samstags-GA per Internet nur, die CDU werde sich am 9.9. erklären, im übrigen drehe sich auch bei der SPD noch das Kandidaten-Karussell. Dieckmann, Kelber und Klein ständen allerdings geschlossen hinter Harder. Dazu ein Drückebergerfoto von Kregel am Schreibtisch mit dem Kaffeepott vor sich und der GA-Einschätzung, der sage wohl ab. Zu mir kein Wort. War's das?

Susanne jauchzt und frohlockt schon, sieht ungetrübte Urlaube auf uns zukommen und freut sich auf die Fortsetzung eines Privatlebens. Immerhin hatte sie Florian aber vorher im 38 Grad-Becken gestanden, bei aller Distanz sei mir der Posten als Bonner OB wie auf den Leib geschnitten. Ich finde, das stimmt, egal was die Findungskommission findet.

-----Original Message-----
From: recktenwald@mobileemail
Date: Wed, 27 Aug 2008 09:12:08
To: Finderfreund
Subject: OB-Kandidatur

Lieber Freund,

im Castello Aragonese, einem alten Kloster auf Ischia, hatte ich etwas Zeit zum Nachdenken. Meines Erachtens machte es Sinn, die CDU-Basis davon anzustecken. Müsste ich dazu heute eine Rede halten, würde die wie der Anhang ausfallen.

Den Inhalt gebe ich frei. Du kannst ihn gerne der Findungskommission zur Kenntnis bringen.

Beste Grüße -auch von Susanne und an Deine liebe Frau- aus dem Schnellboot nach Capri,

Dein Claus

Sehr geehrte Damen und Herren, sehr geehrter Herr Vorsitzender, liebe CDU-Mitglieder,

herzlichen Dank, dass Sie mir die Gelegenheit geben, mich heute bei Ihnen vorzustellen. Viele von Ihnen werden sich erst einmal gewundert haben, als Sie im Bonner General-Anzeiger oder auch im Kölner Stadtanzeiger vom 19. August lasen, da gebe es einen parteilosen Rechtsanwalt namens Claus Recktenwald als möglichen OB-Kandidaten der CDU. Glauben Sie's mir, ich war auch erstaunt, nicht nur über die Zeitungsberichte. Hat da jemand die Rechnung ohne den Wirt gemacht? War das eine Zeitungsente, die wer auch immer nur etwas schwimmen lassen wollte? Oder sollte da lediglich wachgerüttelt werden, um die CDU-Basis an jemanden heranzuführen, der auch für sie gar nicht so schlecht, vielleicht sogar die beste Lösung wäre?

Um es vorweg zu nehmen: Was der General-Anzeiger einen Tag später schrieb, war nicht übertrieben. Die Leute waren zum Teil richtig aus dem Häuschen, und zwar im Sinne echter Begeisterung. Warum das so war, kann ich mir nur so erklären, dass da urplötzlich ein "wir sind Oberbürgermeister"-Gefühl hochkam, das viele Herzen, sowohl parteiische als auch parteilose, vergnügt stimmte. Man hat mich das auf vielfältige Weise wissen und spüren lassen. Ein Optikermeister aus der Innenstadt zum Beispiel strahlte mich an, seine klapprigen Eltern wollten jetzt endlich wieder wählen gehen. Ein älteres CDU-Mitglied etwa, das seit dem Geburtsjahr 1964 meiner Frau dabei ist, schrieb dann geradezu euphorisch, als Parteiloser sei ich ein Glücksfall für die Bonner CDU und deren Hoffnungsträger geworden. Gut, man soll es nicht übertreiben, auch mit der persönlichen Eitelkeit nicht. Das Quäntchen Wahrheit habe ich aber auch bei diesem Gratulanten, einem begeisterten Jäger, gewittert. Das war das Bild vom scheuen Reh, das sich vielleicht wieder ermutigt sieht, an die Wahlurne zu treten. Dieses Tier kennt man sonst auch vom Kapitalmarkt, bei dem schwarze Schafe in den Manageretagen in kürzester Zeit nur dadurch Kapital und Vertrauen vernichten, dass sie gegen das jetzt in allen Wirtschaftsköpfen zementierte Gebot verstoßen, "keine Toleranz für Gesetzesverstöße". Die Börsen der Welt reagieren dann rigoros, in Deutschland besonders spektakulär etwa mit dem völligen Zusammenbruch des neuen Marktes zu Beginn dieses Jahrtausends. Die scheuen Kapitalmarktrehe waren da erst einmal verschwunden. Mit Dingen wie dem Deutschen Corporate Governance Kodex und der Cromme-Kommission musste man sie mühsam wieder anlocken. Das ist immer noch nicht geglückt. Nun ist die CDU zwar keine Start-up-and-dowm-AG wie EM.TV, Comroad oder Biodata, so hießen die Skandalgesellschaften damals. Bei uns geht es auch nicht um Gestalten wie die beiden Brüder Florian und Thomas Haffa aus München. Auch die Bonner CDU hat aber noch Ereignisse zu verkraften wie den strafrechtlich indizierten Freitod des letzten CDU-Oberstadtdirektors Dieter Diekmann in der Untersuchungshaft oder die Kontenbeschlagnahme mit umfassendem Geständnis beim führenden CDU-Mann und gewesenen Stadtwerkechef Reiner Schreiber, der dann an schwerer Krankheit verstarb. Will und muss ich die Totenruhe auch respektieren, so ist da doch einiges Vertrauen verlo-

Vertrauen verloren gegangen. Genau dieses und dabei auch die irritierte Bürgerschaft ins Wahllokal zurückzuholen, dafür trete ich an, und zwar als Anwalt für Bonn. "Bürgernah, für jeden da", das füge ich als persönliches Bekenntnis hinzu. Damit kennen Sie dann auch schon mein Wahlmotto, wenn ich denn eins bräuchte, weil Sie mich wollen.

Schon am Freitag vor Pfingsten war ich von einer Bonner Persönlichkeit, die sich das wohl genau so vorstellen konnte, darauf angesprochen worden, ob nicht auch ich mir vorstellen könnte, Oberbürgermeister der Stadt Bonn zu werden. Die CDU suche einen respektablen Kandidaten, gerne auch eine Kandidatin, um 15 Jahre nach Alt-OB Hans Daniels wieder den höchsten Kommunalbeamten zu stellen. "Emotional sofort", war meine spontane Reaktion. Immerhin bin ich gebürtiger Bonner, kenne und schätze meine Stadt und hatte schon häufiger im Freundeskreis gehört, das wäre doch 'was für mich. Als Sohn eines höheren Richters, der sich davor als Ministerialbeamter schon 'mal darüber mokierte, wie ungerecht doch so manche gute Beamtenposition nur nach Parteibuch besetzt werde, habe ich mich aber stets aus Beförderungsdingen und Parteizugehörigkeiten herausgehalten. Stattdessen bin ich eigenständiges Organ der Rechtspflege geworden, und zwar ordentlicher Anwalt ohne Aufsteigerintentionen. Dies als Partner in einer alteingesessenen Bonner Traditionskanzlei, die älter als ich ist, jetzt Schmitz Knoth Rechtsanwälte heißt und in der zur Zeit anderthalb Dutzend Berufsträger ihr Auskommen finden. Davor lagen bei mir der Kindergarten in Beuel-Süd, wo ich später auch konfirmiert wurde, die noch konfessionell getrennte Volksschule in Küdinghoven, das Beethoven-Gymnasium in Bonn mit seinem Turn- und Ruderverein, der Wehrdienst bei den Fernmeldern in Gerolstein und Rheinbach, eine Banklehre bei der Dresdner Bank AG in Köln mit Auswärtserfahrungen in Troisdorf und Siegburg, das Jurastudium in Freiburg und Bonn, die Referendarzeit in Berlin mit Auslandsstation in New York und das Promotionsjahr bis zur Anwaltszulassung, das ich mir als Repetitor für das öffentliche Recht in Göttingen und Hannover finanziert habe. Dann aber ging's wieder zurück nach Bonn, wo ich seit 1990 als Anwalt arbeite. Dies zum Teil auch im Spagat nach Berlin. Da leistet sich meine Sozietät ein Hauptstadtbüro, das aber nur als dienende Repräsentanz einer rheinischen Wirtschaftskanzlei geführt wird. Bei mir hängt das auch mit meiner Ehefrau zusammen. Die heißt Susanne Olbertz, ist ebenfalls promovierte Juristin und derzeit Ministerialrätin beim Beauftragten der Bundesregierung für Kultur und Medien. Ihr Referat ist zwar wie der Behördensitz in Bonn, die Musik in Gestalt von Bernd Neumann spielt aber häufig in Berlin. Da muss dann auch die Gattin bisweilen hin, was, wie ich finde, eine sehr schöne Abrundung zu Bonn ist, mehr aber auch nicht.

Schon kurz nach der Zulassung habe ich begonnen, mich als Vertreter der Anwaltschaft in den einschlägigen Gremien zu betätigen. Daraus sind der aktuelle Vorsitz von rund 1.500 Mitgliedern des Bonner AnwaltVereins, das Schatzmeisteramt im größten Landesverband des Deutschen AnwaltVereins oder die Stellung als gewähltes Mitglied der Satzungsversammlung bei der Bundesrechtsanwaltskammer in Berlin geworden. Letztere befasst sich mit der Anwaltsgesetzgebung und ist eine Art deutsches Anwaltsparlament. Etwas Politik mache ich also doch schon. Nur reicht das für Sie?

Seit dem eben angesprochenen Freitag vor Pfingsten habe ich genau sieben Wochen darüber nachgedacht und zuerst für mich persönlich entschieden, dass dem emotionalen Ja wohl eher ein rationales Nein begegnet. Mir geht es sehr gut, sowohl wirtschaftlich als auch privat. Zwar kenne ich schon die 60 Stunden-Woche und das Wochenende im Büro, das alles kann ich mir jedoch nach meinem eigenen Gusto gestalten, was ich auch tue. Dazu kommt die Anerkennung durch mittlerweile sechs in Deutschland verteilte Aktiengesellschaften, deren Hauptversammlungen mir in zwei Fällen als Aufsichtsratsvorsitzender, in zwei weiteren Fällen als Stellvertreter und in wiederum zwei Fällen als einfaches Aufsichtsratsmitglied ihr Vertrauen entgegenbringen. Daher weiß ich auch, was Transparenzschaffung, Kontrollausübung und Achtung der Leitungsmacht in beachtlichen Unternehmensgrößen bedeutet und wie man das sicherstellt. Mit der Stadt Bonn verglichen, kommen da die addierten Mitarbeitergrößen in etwa auf den hiesigen Personalbestand. Dem und seinen Aufgaben möchte ich mich gerne widmen. Das zu erkennen, hat dann zwar fast weitere sieben Wochen gedauert. Der Groschen ist bei mir aber endlich am 11.8. im engsten Freundeskreis definitiv gefallen. Schon zwei Tage später, am Mittwoch vor dem ersten General-Anzeiger-Artikel, wusste das auch Helmut Stahl. Wie das dann sechs Tage danach in die Zeitung kam, wissen wir jedoch beide nicht. Jedenfalls hat es keiner von uns initiiert. Tatsache ist allerdings, dass in der Zeitung die Wahrheit stand. Heute kann ich hinzufügen, das Emotionale war sofort klar und nur das Rationale brauchte noch einige Hin- und Her-Bedenkzeit. Ich bin jetzt gewillt, das Amt zu übernehmen, so es mir angetragen wird, und ich bin auch überzeugt, die damit übernommenen Pflichten zu erfüllen und der auf mir lastenden Verantwortung gerecht zu werden. Traute ich mir das nicht zu, würde ich kneifen, genau das will ich aber nicht.

Trotzdem: Sie sollen wissen, dass ich in einer sehr glücklichen Lage bin. Das Schlimmste, was mir widerfahren könnte, wäre, entweder im für mich schönsten Beruf der Welt als Anwalt weiterzumachen oder dem Urtrieb der Geburtsstadt als Oberbürgermeister zu folgen. Neudeutsch heißt das wohl "win win"-Situation. Jedenfalls kann mir eigentlich nichts passieren. Sie brauchen sich also keine Sorgen zu machen, dass Sie eine für mich falsche Entscheidung treffen. Für uns alle und unsere Heimatstadt Bonn könnte ich mir allerdings vorstellen, dass es eine richtigere Entscheidung gibt. Das würde ich Ihnen als gewählter Kandidat gerne beweisen. Lassen Sie's doch zu!

Was ich dann als Bonner Oberbürgermeister im einzelnen zu Wege bringen wollte, wäre noch mit Ihnen, Ihrem Vorstand und Ihren Vertretern im Rat weiterzuentwickeln. Auch Helmut Stahl, den ich in der Findungsphase als eine Art großen Bruder empfunden habe und dem ich dafür aufrichtig danken möchte, würde ich als erfahrenen Landespolitiker mit Bundes- und Kommunalhintergrund nicht ungefragt lassen. Natürlich hielte ich mich zunächst aber an den Sachverstand einer funktionstüchtigen Stadthausleitung, die ich auf Augenhöhe brauchte und partnerschaftlich einbinden würde. Mit mir ginge da weiterhin alles, würde ich auch nicht mit meinem Motto brechen, "geführt wird von vorne". Meine andere zentrale Erkenntnis ist allerdings bereits, "gib zwei Leuten dieselbe Aufgabe und Du kannst sicher sein, dass keiner sie erledigt". In diesem Sinne würde ich es immer vorziehen, verbindlich zuzuordnen und niemandem in die Suppe zu spucken, solange nicht meine eigenen Kochkünste gefragt sind. So könnte die Sache allen schmackhaft werden. Der eigentliche Appetit kommt dann bekanntlich erst beim Essen. Sie müssen jetzt aber Ihre Bestellung aufgeben. Wählen Sie doch einfach mich als Ihren Kandidaten für das Amt des Bonner Oberbürgermeisters, ich werde Sie nicht enttäuschen.

Vielen Dank!

Von: recktenwald@mobileemail
Gesendet: Samstag, 6. September 2008 22:53
Betreff: Der Kandidat, Teil sechs

Wieder zuhause, begrüßt mich der Montags-GA vom 1.9. mit einem Leserbrief von Fenja Wittneven-Welter, mir bis dahin unbekannt. "Mehr Fingerspitzengefühl" steht drüber. Es verschlage ihr den Atem, heißt es, dass es für mich selbstverständlich sei, als Oberbürgermeister noch Aufsichtsratsvorsitzender der Solar-World sein zu können, ohne ein Problem mit Unbefangenheit und Unparteilichkeit zu haben. Stimmt! Ob van Schewick dahinter steckt? Jedenfalls war der Anwurf schwach, wirkt wie bestellt und kann leicht gekontert werden. Mal abwarten, was die Woche sonst so bringt. Andererseits doch noch schnell bei google den Namen der Leserbriefschreiberin eingeben. Na sowas, seit dem 8.2.2008 ist die Dame doch tatsächlich Beisitzerin im neuen Vorstand des SPD-Ortsvereins Küdinghoven-Ramersdorf-Oberkassel. Das hätte der GA aber auch selbst recherchieren und zumindest angeben können. Meines Erachtens peinlich. Immerhin hat sie aber 1988 Abitur am Städtischen Gymnasium Rheinbach gemacht und sieht auch passabel aus. Ferner leitet sie bei der Bonner Volkshochschule einen Integrationskurs mit Alphabetisierung. Sei's drum.

Von Jürgen Rüttgers und seinem Büroleiter sei per Email erklärt worden, man nehme es positiv zur Kenntnis, dass der eigene Berater gegebenenfalls auch meiner werde. Das teilt der mir am 2.9. mit, um im übrigen Neues zu erfragen. Damit kann ich jedoch nur wie bisher beschrieben dienen. Er will sich vorab bei van Schewick für mich verwenden, mit dem er aus Kulturzeiten einen guten Draht habe. Alles weitere müsse man sehen.

Helfen will auch der frühere Vorsitzende der Bonner CDU, der sich jetzt als Geschäftsführer von Haus & Grund verdingt. Er schreibt mir am 1.9., als Vorsitzender der Findungskommission habe er Helmut Stahl gefunden, mit ihm Wahlkampf gemacht und fast die "haushohe Favoritin" Bärbel Dieckmann geschlagen. Er drücke mir die Daumen und halte meine Kandidatur für ein probates Mittel, der "verfilzten und verbonzten kommunalpolitischen

Szene" entgegen zu wirken. Dass sein privates Schreiben im vom Hauseigentümerverein frankierten Umschlag steckt, finde ich da allerdings nicht ganz passend, bin insoweit aber vielleicht auch übersensibel..

Am selben Tag heißt es im Focus, "Abschiede von populären Oberbürgermeistern bereiten CDU und SPD Probleme", unsere Bonner OB sei "nur eine von vielen prominenten Oberbügermeistern, die sich bei der Wahl im nächsten Juni von der kommunalen Bühne verabschieden". Der Express vom 3.9. fügt zum Bonner "Kandidaten-Stadl" hinzu, nach Kregel, der "angesichts des OB-Stressjobs" sage, "es gibt ein Leben vor dem Tod", sei ich Kandidat Nr. 2. "Der parteilose Rechtsanwalt Claus Recktenwald will, darf aber nicht, da sei Angela Merkel vor. Nach EXPRESS-Informationen hat die Kanzlerin interveniert: Der Kandidat muss CDU-Mitglied sein". Deshalb werde jetzt Benedikt Hauser als Aspirant gehandelt. Sehr witzig und gut geschrieben, was der Express da bringt. Am 1.9. hatte er allerdings die Zeitungsente gebracht, ich sei -als ich auf Ischia war- beim Maritim-Ball gesichtet worden. Schadet aber nichts.

Am Mittwoch noch mit dem Bonner AnwaltVerein zum Weingut Höreth nach Kobern-Gondorf und die Sache im Kollegenkreis erklärt. Auch die sind fröhlich gestimmt und freuen sich über meine Erläuterungen. Das eigentliche Thema, was war am 2.9. bei der Kreis-CDU los, bleibt aber ungeklärt. Aus verschiedenen Ecken höre ich dazu nur, vor Pützchens Markt wisse man's. Da meldet sich am Donnerstag-Mittag noch der Unternehmerfreund aus Ibiza. In Anwaltskreisen sei ich auch nicht unumstritten, hätten sowohl Bonns CDU-MdB Eisel als auch eine Kollegin zu ihm gesagt. Gut, letztere meint vielleicht mein Verhältnis zur Kammer, die durch mich als Vereinsvorsitzender unter Beschuß steht und deren Vizepräsidentin sie ist. Eisel hingegen kenne ich gar nicht, der halte im übrigen meine Selbstdarstellung über den GA und die SolarWorld-Nähe für ein jeweiliges Ausschlusskriterium. Der Unternehmerfreund schließt, es werde dann wohl doch ein mittelmäßiger CDU-Mann aufgestellt, auch einen anderen honorigen Bonner solle es aber noch geben, bei der SPD komme dafür möglicherweise ein beamtet gewesener Staatssekretär, der in Bonn lebe und einen Doppelnamen habe. Sollen die alle machen, denke und sage ich. Mich als Anwalt anzukratzen, ärgert mich allerdings, auch das Schweigen von Stahl. Der Samstags-GA bringt dann zumindest noch die "offizielle Absage" von Kregel, der das einen Tag vorher "unter den gegebenen Umständen" erklärt und hinzugefügt habe: "Gerne setze ich die sachlich fachliche und menschennahe Verwaltungsarbeit mit ganzer Kraft und vollem Zeitaufwand fort." Soll er auch.

Von: recktenwald@mobileemail
Gesendet: Sonntag, 7. September 2008 00:07
Betreff: Der Kandidat, Teil sieben

Am Samstagabend erreicht mich Stahls Absage-Email. Er werde seiner Kommission und der Kreis-CDU doch einen anderen Kandidaten vorschlagen. Ich trage es mit Fassung, denke schadenbegrenzend und reagiere entsprechend. Eigentlich steht es damit aber erst eins zu eins. Heißt das vielleicht doch eher unentschieden? Dann müsste ich zumindest jetzt kämpfen, "das Schwert aus der Scheide ziehen", mich wirklich "entscheiden". Hand auf's Herz, das will ich immer noch nicht. Da sollen die sich lieber intern bekämpfen und mich in Ruhe lassen. Der Klügere gibt nach.

Von: recktenwald@mobileemail
Gesendet: Dienstag, 9. September 2008 21:30
Betreff: Der Kandidat, Teil acht

"Voss schafft die Überraschung, CDU nominiert den 45-Jährigen als Europakandidaten". Der Montags-GA bringt auch das Statement von Stahl dazu. "Das war gigantisch. Ich habe ihm gesagt, du hattest keine Chance, aber du hast sie genutzt." War das ein Deal, was die Delegiertenversammlung da in Leverkusen beschlossen hat? Vorher war mir aus dem Ortsverband Holzlar Hoholz gesteckt worden, der sei erprobt in der freundlichen Aufnahme von Spitzenpolitikern und stelle derzeit immerhin den Fraktionsvorsitzenden im Landtag, den Bundesbankpräsidenten und beide Bonner Bundestagsabgeordnete. "Der Ortsverband hat schon manch einen Posten durch geschickte Siedlungspolitik gewonnen", schließt die Mitteilung vom 27.8.2008. Das mag stimmen. Mittags ruft der Finderfreund an, ob ich auch bei der Stange bliebe, wenn sich die Findungskommission nur streitig für mich entscheide. Klar, nur mit der Rest-CDU wolle ich keinen Krieg, auch die müsse zu mir finden, nicht umgekehrt. Gut, er werde dann kämpfen. Bisher seien angeblich noch der Kanzlerenkel Patrick Adenauer, Präsident der Arbeitsgemeinschaft Selbständiger Unternehmer, der aber wohl schon als Kölner nicht gehe, und ein Staatssekretär Mertes im Gespräch. Google spuckt mir dazu später Michael Mertes aus, der wie ein Doppelgänger von Stahl wirkt. 1998 musste er als Abteilungsleiter im Bundeskanzleramt gehen, fand sich dann aber im August 2006 als NRW-Staatssekretär für Bundes- und Europaangelegenheiten und Landesbevollmächtigter beim Bund wieder. Das stinkt schon wieder nach Merkel, immerhin ist er aber in Bonn geboren. Wir können das nicht mehr vertiefen. Ich muss los, meinen Repetitorfreund Uli Feyerabend als Direktor des Amtsgerichts Königswinter einführen. Dort reiche ich das Grußwort vorsorglich schon mit dem schönsten Beruf der Welt an, die CDU werde doch wohl noch ein Eigengewächs finden. Nett, der Zuspruch, der daraufhin aus allen Kreisen aufbrandet. Man will's noch nicht so recht glauben. Ich weiß es jetzt aber besser.

Am Dienstag-Nachmittag dann ruft mich der Finderfreund, mit dem ich am Vorabend noch Kurt Masur in der Beethoven-Halle genossen hatte, im Berliner Büro an, um das Aufsichtsratsmandat bei der SolarWorld als einstimmiges Ausschlusskriterium zu hinterfragen. Die Findungskommission sitze seit einer Stunde zusammen, habe jetzt aber für mich unterbrochen. Er solle klären, ob ich das nicht doch aufgeben könne. Nein, tue ich nicht, sage auch, warum. Weiß und versteht er alles. Eine Stunde später tausche ich mich darüber mit einem vertraut gewordenen Beteiligten aus, nennen wir ihn den Klassenkameraden. Der hat auch schon den Namen, welch' Überraschung, einen Christian Dürig aus Meckenheim. Schnell die Seite www.CDU-Meckenheim.de aufgerufen und den früheren Postbeamten, jetzt dort "leitend angestellt", angeguckt. Nichts Spektakuläres, aber auch nicht schlimm. Soll er's nur machen, sieht er auch ein bisschen wie der letzte Bonner Oberstadtdirektor Dieter Diekmann aus. Wünschen wir ihm ein glücklicheres Ende. Das begießen Susanne und ich beim Italiener in der Reinhardtstrasse. Mit ihr in Berlin-Mitte "auf den schönsten Beruf der Welt" und im Anschluss daran darauf anzustoßen, dass die Abzahlung der dortigen neuen Wohnung im denkmalgeschützten Otis-Komplex jetzt wieder gesichert ist, befreit uns doch.

Von: recktenwald@mobileemail
Gesendet: Mittwoch, 10. September 2008 13:38
Betreff: Der Kandidat, Teil neun

Die Berichterstattung in der Lokalpresse vom 10.9.2008 setzt meinen Schlusspunkt. Alles ist prima gelaufen. Die Zeitungen haben ihre Story, die Leserschaft Diskussionsstoff und auch Dürig schädigt mich nicht. Zwar heißt es am Vorabend noch aus Verleger- und Freundeskreisen, für Bonn sei das von meinem Informanten als "witzig" eingestufte Ergebnis trostlos, nur für mich eine Aufwertung. Trotzdem ist es wohl vernünftig. Stahl bleibt für mich Profi, wir anderen sind da eher Seelchen. Das war aber erlaubt, weil Bonn nun einmal eine Seele hat, um die es uns ging.

Mein Seelenleben im übrigen? Partner Michael hatte es nach Erhalt meiner Samstagsankündigung zu Stahls Sinneswandel aus dem Krankenhaus erfragt. Nein, enttäuscht sei ich nicht, hatte ich erwidert, allenfalls darüber, dass der Beruf zur Zeit solche Planspiele zulasse. Das sei wohl Midlifecrisis, der Gedanke an die letzte Möglichkeit, sich doch noch einmal zu verändern. Jetzt ruderte ich lieber etwas zurück, machte endlich den Bootsführerschein, ließe auch die Verbandsarbeit langsam auslaufen und kümmerte mich stattdessen um die Clubdienste bei Rotary. Alles fließt, so oder so.

Der GA widmet dem Lebenslauf von Dürig nur wenig Raum, da war man bei mir doch großzügiger. Jetzt heißt es noch: "Vom Tisch ist damit auch die im Vorfeld mögliche Bewerbung des parteilosen Bonner Rechtsanwalts Claus Recktenwald, zu dessen Unterstützung sich Stahl nicht entschließen konnte. Knackpunkt war am Ende offenbar, dass Recktenwald sich seinerseits nicht entschließen konnte, seine Aufsichtsratsposten in den Kontrollgremien mehrerer Firmen, darunter der SolarWorld AG, aufzugeben." Das "Wir sind Oberbürgermeister"-Gefühl und die "win-win"-Situation zwischen "Urtrieb zur Geburtsstadt" und "schönstem Beruf der Welt" werden mir dann aber in einer Reihe mit Stahl und Kelber bei den "Stimmen zu den Kandidaten" in den Mund gelegt, während die Bonner Rundschau ihren Bericht mit meinem Bekenntnis schließt, mich "in die Pflicht nehmen zu lassen, wenn ich als Kandidat nominiert würde". Nett wird da auch hinzugefügt: "Der 49 Jahre alte Rechtsanwalt ist unter anderem Vorsitzender des Bonner Anwaltsvereins und Aufsichtsratschef der SolarWorld und Solarparc AG." Die Überschrift des Berichts von Frau Maul, der ich am Vortag noch geantwortet hatte, nicht verzichten zu können, weil ich doch gar kein Kandidat sei, lautet dann allerdings, "Harder verzichtet auf OB-Kandidatur, CDU schlägt Meckenheimer Stadtverbandschef Christian Dürig vor - SPD für Jürgen Nimptsch." Tatsächlich hatte die SPD doch taggleich den Beueler Gesamtschulleiter ins Rennen geschickt. "Die Show gestohlen", kommentiert das der GA, der ebenso wie der EXPRESS, dort zur Überschrift "Kandidatenstadl ade: Dürig gegen Nimptsch", beide Kandidaten zusammen vorstellt. Bonn ist wirklich witzig. Meine spontane Empfindung: Der Nimptsch wird's, nicht nur weil Rolf Kleinfeld ihn auf seiner Lokalseite besser wegkommen lässt. Aber schon wieder ein Lehrer an der Verwaltungsspitze? Dann werden die Puppen wohl weiter tanzen.

Ich freue mich derweil über den in den zurückliegenden vier Monaten erfahrenen Zuspruch, vom Gespräch, das niemals stattgefunden hat, bis zur heutigen GA-Überschrift: "Parteien landen Coup mit OB-Kandidaten." Ansonsten gilt "OB ade" und bleibt immer noch der von meiner Mutter über mein Kinderbett gehängte Spruch abzuarbeiten: "Das wahre Glück, Du Menschenkind, oh wähne doch mitnichten, dass es erfüllte Wünsche sind, es sind erfüllte Pflichten".

Von: recktenwald@mobileemail
Gesendet: Donnerstag, 26. Februar 2009 11:23
Betreff: Der Kandidat, erster Nachtrag

Wie die Reiseberichte im ersten "Juckeldiduckel (oder: „Über Bonn und die Welt")" hatten ursprünglich auch die meisten OB-Mails noch Anhänge zur lebhaften Korrespondenz zwischen allen Beteiligten. Die habe ich mir hier aber bis auf die Absage-sms zum Gespräch, das niemals stattgefunden hat, und den Kandidatenbrief aus Ischia lieber verkniffen. Nur einen letzten lasse ich zumindest in zensierter Fassung zu, weil die Zeit ihn gerade heilt und das Interaktive der Juckeldiduckels nicht gänzlich verloren gehen soll.

Endlich, das hat aber auch gedauert. Da musste es erst Donnerstag, den 26. Februar 2009, werden, um als Nachricht auf Seite eins des General-Anzeigers zu kommen. "Engpass beim Investor des WCC Bonn" heißt es da oben links. Die 23 Zeilen schließen mit der Bereitschaft von Marc Asbeck, den Rohbau zu erwerben, "falls der Investor zahlungsunfähig sein sollte." Das müsse die Stadt aber erst noch klären. "Arno Hübner und Evi Zwiebler von der Stadtverwaltung sowie Uli Voigt, Vorstandsmitglied der Sparkasse KölnBonn, die das Projekt mitfinanziert, sind nach Korea geflogen, um mit dem Hyundai-Konzern über die weitere Finanzierung des Kongresszentrums zu verhandeln". Wie bitte? Dass der dortige Autokonzern nichts mit SMI zu tun hat, weiß doch mittlerweile jeder; auch dass der Geschäftsführer Kim keine Bonner Geschäfte mehr führt und sich in die USA abgesetzt hat, worauf schon der GA unter "Lokales" hinweist. Was also soll dann mit wem zu dritt in Seoul zu besprechen sein? Wir brauchen, wo die Kölner gerade erst damit durch sind, doch sicherlich nicht auch noch unser eigenes Lustreiseverfahren.

Die zeige ich alle an, beschleicht es mich trotzdem, natürlich nicht Marc, der ja mit allem recht und auch ein tolles Konzept hat. Das stellt er im Interview auf Seite 19 vor: Ausbau zur Festpielhalle nach Vorstellung –gemeint ist wohl auch auf Kosten- des Bonner DAX-Trios, Verzicht auf das von dort versprochene weitere

Neubauvorhaben und Erhalt der Beethovenhalle als Denkmal zum Flair der Bundeshauptstadt in meinem Geburtsjahr. Das wär's doch. Gegebenenfalls mag's der Gesamtschulleiter anpacken, kulturell beschlagen soll er ja sein. Sonst passte auch der seit einigen Tagen aushängende Plakatslogan "Christian Dürig packt's an". Den hat allerdings ein Spaßvogel am Kaiser-Karl-Ring zu "Christian Dürig kackt ab" umgetextet. Warten wir's ab. So oder so, alles wird gut. Wir bleiben ja die Bürger und lesen hier einfach nach der Wahl, was vorher war.

-----Original Message-----
From: recktenwald@mobileemail
Date: Wed, 14 May 2008 22:02:05
To: N.N.
Subject: WorldCCBonn

Mein Lieber,

....

Wie besprochen war ich heute eine gute Stunde bei ihm. Danach gilt folgendes, zum Teil durch eben abgeschlossene Internetrecherche abgerundet:

....

Anm.: Der Rest ist ein Krimi, hier nur so viel, dass sich die Stadt und unsere Sparkasse mit dem Internationalen Kongresszentrum (WCCB) ein Stück aus dem Tollhaus geleistet haben, das einigen Staub aufwirbeln wird, wenn es in seinen Einzelheiten rauskommt. Man ist einem Herrn Kim und der Fehlvorstellung auf den Leim gegangen, schon eine Firmierung mit dem Bestandteil Hyundai mache einen koreanischen Autokonzern, der ein "World Congress Center Bonn" stemmen könne. Weit gefehlt. Ob's mal wieder der Unternehmerfreund, der nur das Wort "Solar" davor setzen müsste, oder sein Bruder richtet? Der von Kim vorgeschobene Betreiber-Geschäftsführer soll allerdings gutgläubig und nur als Vertriebswerkzeug eingesetzt worden sein. Die Presse wird's wohl aufdecken. Hier muss dann vorerst der seinerzeitige Schlussabsatz genügen.

....

Witzig ist, dass dieser "amerikanisch-koreanische Baukonzern", der auf seiner Website noch vier schöne Vorhaben im Irak, Angola, Vietnam und Lybien bewirbt (unfassbar frech!), der erste und einzige "Investor" war, der sich nicht bei 70 und auch nicht bei 130 Mio. Euro, sondern erst zur Höchstkostenplanung meldete. Da fragt man natürlich nicht mehr nach und holt insbesondere keine Creditreform-Auskunft für 25 Euro ein. Wahnsinn!

Von: recktenwald@mobileemail
Gesendet: Dienstag, 31. März 2009 10:34
Betreff: Der Kandidat, letzter Nachtrag

"Schramma tritt nicht wieder an". Doch noch diesen letzten Aufmacher aus dem Montags-GA vom 30. März 2009 und dann ist auch hier fast Schluss mit der Kommunalpolitik. Als Konsequenz aus der Kritik nach dem Einsturz des Historischen Stadtarchivs verzichte Kölns Oberbürgermeister Fritz Schramma auf eine erneute Kandidatur. Er habe es nicht geschafft, dieses hochsensible Thema aus dem Wahlkampfgezänk herauszuhalten. Politischer Profit dürfe aus den dramatischen Folgen des U-Bahnbaus aber nicht geschlagen werden.

Ein Lehrer als Behördenchef weniger, denke ich spontan. Sonst habe ich allerdings nichts gegen Lehrkörper, es sei denn, der eigene Anwalt wird mit Sekundärliteratur kontrolliert, was bisweilen vorkommt. Nachdenklicher stimmt mich erst die Zeitungsseite 5. Deren zweite Spalte deckt interessante Details auf. "Bei der Demontage von Schramma trat Rüttgers nicht persönlich in Erscheinung. Für die notwendigen Störgeräusche sorgten die Büchsenspanner aus der Staatskanzlei und der CDU-Parteizentrale in Düsseldorf. Mal wurde soufliert, Schrammas Krisenmanagement seit dem Archiveinsturz sei katastrophal, dann wieder wurde aus den eigenen Reihen kolportiert, der erste Bürger der Millionenstadt am Rhein sei eben kein Verwaltungsfachmann und deshalb mit der Angelegenheit überfordert." Bis Freitag seien diese Zitate bei Journalisten zwar angekommen, allerdings mit dem Hinweis garniert, die Zitatgeber dürften nicht namentlich genannt werden. Das sei die erste Stufe gewesen, um Schramma zur Aufgabe zu bewegen. Die zweite Phase dieser aus Düsseldorf gesteuerten Kampagne gegen den eigenen Mann habe dann ausgerechnet einer eröffnet, der zu diesem Zeitpunkt noch als möglicher Nachfolger galt: der Adenauer-Enkel Konrad. Er habe Schramma öffentlich den Hinweis erteilt, seine Zeit sei abgelaufen, und über sich selbst geäußert, er werde "in die Überlegung" einer Kandidatur eintreten, sobald ihn die Parteiführung frage. Als der Kölner

OB diesen Satz in der Lokalzeitung gelesen habe, sei ihm klar geworden, dass er abtreten müsse.

Witzig, den Notar-Kollegen Adenauer hatte mir erst vor zwei Wochen der mitlesende Verleger in der Godesberger Viktoriastraße vorgestellt, als die Dame des Hauses dort ihren 50sten feierte. Dass der sich jetzt genauso äußert, wie der letzte Bonner CDU-OB das im August an meiner Stelle getan hätte, ist schon bemerkenswert. Alles Notare, oder was?

In Bonn ist es jetzt ruhiger, es dümpelt so vor sich hin. Am letzten Märztag des Jahres 2009, dem Ende meiner Aufzeichnungen, hat die CDU aber auch hier ihr Schweigen durchbrochen. Da heißt es unter "Lokales" doch tatsächlich: "Mein Favorit für das Amt des Oberbürgermeisters ist Peter Finger". Das war der Vorsitzende des Einzelhandelsverbandes, der Vertraute des mitlesenden Verlegers. "Mehr wolle er zu dem Thema nicht sagen." Auch der Vorhalt, er sei doch Mitglied der Findungskommission und mit den anderen einmütig für Dürig gewesen, lockt ihn nicht aus der Reserve. Nur Juckeldiduckel-Leser wissen mehr.

Christian Dürig hatte mich noch im alten Jahr in der Kanzlei besucht und nett erzählt. Angeblich habe Stahl mich nicht reingelegt und ihm die Sache erst nach meiner Absage versprochen. Egal. Kurz danach hatte mich Eisel in sein studentisches Büro am Markt bestellt, er wolle mich 'mal kennenlernen. Komischer Typ, dass der sich hält. Auch dafür scheint der Holzlarer Verein zu genügen.

Abschied von Holzlar, den nehmen wir am kommenden Wochenende auch etwas in Domburg. An den Nordseestrand hatte es uns zuletzt zur Jahreswende verschlagen. Diesmal aber werden es Trauermärsche um Susannes Vater, der uns in der vergangenen Woche verlassen hat und mit dem die Mutter auch das schöne Haus im Heideweg nicht mehr teilen kann. Stattdessen bezieht er übermorgen eine Grabstelle auf dem Poppeldorfer Friedhof. Meine Großeltern und wieviele andere liegen schon da, irgendwann wohl auch ich. Solange noch mag ihn Karin Hempel-Soos, die mich als impertinente Festspielhausprotagonistin schon im April

2007 mit auf's Werbeplakat geholt hatte, als einen der "77 Lieblingsplätze" in "Bonn, wo es am schönsten ist", beschreiben. Hoffentlich bleibt's für mich bis dahin aber beim carpe diem.

Presseanhang

Von: recktenwald@mobileemail
Gesendet: 23.2.2008 – 31.3.2009
Betreff: Presseanhang

"Sammelwerk" und "großes Zitat", das sind die Begrifflichkeiten, die auch den Rest von Juckeldiduckel II noch urheberrechtlich möglich machen.

Zwar stammt nicht jeder der folgenden Leserbriefe von mir, betreffen nicht alle Zeitungsberichte nur mich. Jeweils geht es aber um den hinter uns liegenden Text und seine Basis. Der Presseanhang zur Schlussjustierung, hier dürfen dann auch wieder Bilder sprechen. Wen das zuerst angelockt hat, muss danach allerdings an den Anfang zurück. Allen anderen sei schon jetzt für's Durchlesen gedankt.

Recht auf Leben

Artikel „Der Verteidiger" vom 9. September

Alter schützt vor Torheit nicht. Das gilt auch für „Star-Anwalt" Rolf Bossi. Dass der mit 85 noch „im Sattel" bleiben will, ist bereits töricht, auch für einen verdienten Rechtsanwalt. Mehr als das ist aber die abschließende Erkenntnis in seiner „Hier stehe ich"-Autobiografie, man solle doch für nicht therapierbare Straftäter mit „sadistisch-perversem Tötungsimpuls" die Todesstrafe einführen. Wer so etwas ausspricht, muss zumindest deshalb vorher die Robe an den Nagel hängen.

Juristisch wird hier zum Rechtsbruch aufgerufen und sogar zur Revolution aufgefordert. Denn kein Gesetzgeber kann die Ewigkeitsgarantie in unserem Grundgesetz aushebeln.

Die Menschenwürde und das Leben selbst bleiben auch im Strafrecht unantastbar. Im übrigen ist man auch als hochbetagter Strafverteidiger allein den Interessen der Mandantschaft verpflichtet, die naturgemäß am Leben hängt.

„Sterben muss jeder. Dann kann man diese Menschen auch gleich erlösen." Zu dieser Einsicht habe ihn sein spät entdeckter christlicher Glaube geführt. Vielleicht täte ihm da der Kirchgang besser, immerhin will auch er sich auf die Schöpfungsvorgabe stützen, „das Beste aus seinem Leben zu machen".

Dr. Claus Recktenwald, Bonn

Leserbrief im General-Anzeiger vom 13./14. September 2008

Und zum 60. Juristenball gab's ein Ständchen

GESELLSCHAFT Anwälte, Richter, Staatsanwälte und Notare feierten mit ihren Gästen

Von **Rita Klein**

BONN. Es war zweifellos ein besonderer Ball – nicht nur, weil es ein Jubiläumsball war: Beim 60. Bonner Juristenball, zu dem traditionell Anwälte, Richter, Staatsanwälte und Notare erstmals ins Hotel Bristol eingeladen hatten, brachten selbige als „Organchor" – eine Anspielung auf den Juristen als Organ der Rechtspflege – ein Geburtstagsständchen mit eigenem Text zu Gehör. Außerdem bevölkerten gut informierten Kreisen zufolge die Gäste noch nie zuvor so schnell die Tanzfläche, um den Ball zu eröffnen.

Zuvor hatte Anwaltsvereinsvorsitzender Claus Recktenwald die „Justizhebel der Macht" begrüßt, darunter Kölns Oberlandesge-

Getanzt wurde bis in den Morgen. Mittendrin Anwaltsvereinsvorsitzender Claus Recktenwald mit seiner Frau Susanne Olbertz. FOTO: FROMMANN

richtspräsident Johannes Riedel, Bonns Landgerichts-Vizepräsident Roland Ketterle, die neue Bonner Amtsgerichtsdirektorin Lydia Niewerth und der scheidende Chef der Bonner Staatsanwaltschaft, Gunther Küsgen. Aber auch alle anderen Gäste waren für Recktenwald „VIPs", da ohne sie der Ball nun mal keiner sei.

Und so taten die Gäste, darunter auch Polizeipräsident Wolfgang Albers und Bonns Sonnenkönig Frank Asbeck, bis zum Morgen das, was man auf einem solchen Fest tut: Sie feierten und tanzten zu der Musik der Feedback Dancing Band, den heißen Rhythmen der Nosly Banda do Brazil und von DJ Marcone. Als Überraschung sang der Jazzchor der Bonner Uni die Gäste in den neuen Tag hinein.

General-Anzeiger vom 28. April 2008

Kleinaktionäre voll des Lobes für Solarworld

HAUPTVERSAMMLUNG Unternehmenschef Frank Asbeck malt im ehemaligen Plenarsaal in Bonn ein düsteres Bild von der Zukunft fossiler Brennstoffe und ein sonniges vom eigenen Unternehmen

Von Julian Stech

BONN. „Das Öl reicht noch für 40 Jahre, Kohle noch für 150 Jahre. In 15 Jahren werden alle unsere Autos elektrisch fahren und im Jahr 2100 werden wir nur noch erneuerbare Energien haben." Frank Asbeck, Vorstandschef der Bonner Solarworld AG, spannte gestern auf der Hauptversammlung des Solartechnikkonzerns in Bonn in gewohnter Weise den Bogen weit in die Zukunft.

Die meisten der knapp 1 000 in den ehemaligen Plenarsaal gekommenen Anteilseigner spendeten Asbeck immer wieder Beifall. Wohl vor allem deshalb, weil der Solarworld-Chef wenigstens mit den Prognosen für das eigene Geschäft bisher meistens richtig lag.

Hans-Richard Schmitz von der Deutschen Schutzvereinigung für Wertpapierbesitz (DSW) lobte denn auch ein „höchst erfolgreiches Geschäftsjahr". Angesichts jährlicher Wachstumsraten von 25 bis 30 Prozent komme schon fast so etwas wie „gepflegte Langeweile im Sonnenreich" auf. Wie berichtet, hatte Solarworld 2007 bei einem Umsatz von knapp 700 Millionen Euro 113 Millionen Euro verdient. Die Aktionäre erhalten eine um vier auf 14 Cent erhöhte Dividende.

Schmitz erinnerte aber auch daran, dass bei einer Absenkung der „opulenten deutschen Einspeisevergütung" für Solarstrom diese Gewinne in Gefahr geraten könnten. Strom aus Sonne ist etwa zehn Mal so teuer wie Strom aus Kohle- oder Atomkraftwerken. Die Energiekonzerne, die für die Einspeisung zahlen müssen, legen die Mehrkosten auf alle Stromkunden um. Angesichts daraus resultierender steigender Milliardenbelastungen für die Verbraucher erwägt die Bundesregierung eine stärker als bisher geplante Absenkung der Vergütungssätze für Solarstrom.

Asbeck erwartet, dass Solarstrom in Deutschland ab 2015 wettbewerbsfähig sein wird. Bereits ab 2010 sollen laut Asbeck die Preise für Silizium und für Solaranlagen sinken. In Deutschland würden nur etwa zehn Solarfirmen diese Entwicklung überstehen: „Solarworld wird dabei sein", beruhigte er die Aktionäre.

Auf der Sonnenseite: *Frank Asbeck und Aufsichtsratsvorsitzender Claus Recktenwald.* FOTO: VOLKER LANNERT

Mondpreise für die Bonner Müllverbrennung

Die Bonner Müllverbrennungsanlage aus der Luft gesehen. FOTO: MAX MALSCH

Tatsächlich ist der Bonner Müll von mehr als 150 000 Tonnen aus der MVA-Anfangszeit 1992 auf weniger als die Hälfte, nämlich rund 70 000 Tonnen geschrumpft, die keinen Kilometer Luftlinie vom Stadthaus entfernt in der Bonner Weststadt verbrannt werden. Das ist nur noch ein Viertel der verbrannten Gesamtmenge. Den Müllgebühren und der Mülltrennung sei's gedankt. Mit anderen Worten: Allein für uns ist die MVA schon heute viermal zu groß. Der Rest ist Mülltourismus! Trotzdem „zahlt die Stadt Bonn mit 181 Euro pro Tonne die höchsten Preise von allen, die anderen Zulieferer kommen mit 125 Euro klar besser weg". Warum kehrt nicht wieder jeder vor seiner eigenen Tür? Bei Errichtung der Anlage wurde noch so gedacht und nur ein bevorstehendes Deponieverbot mit einbezogen, das jedoch gottlob die befürchteten Zusatzmengen nicht brachte. Auch beim Abwasser, für das wir ebenfalls einen Anschluss- und Benutzungszwang mit hohen Gebühren akzeptieren, käme doch keiner auf die Idee, die Einleitung eines Dreiviertel-Anteils zusätzlicher Fremdfäkalien von woher auch immer zu fordern. So lässt auch die Pflicht zur uneigennützigen Erfüllung öffentlicher Aufgaben im Bereich der Daseinsvorsorge selbst nach einer Privatisierung keine Gewinne zu, die über eine Eigenkapitalverzinsung bei nicht wirtschaftlicher Betätigung oder Zuschläge zur Erhaltung der Innovationsfähigkeit bei wirtschaftlicher Betätigung hinausgehen. Jedenfalls geht es gerade nicht darum, dass „der Rubel rollt". Nicht die Höchstausnutzung, sondern der für die Bonner Bürgerschaft zu verfolgende Fördernutzen ist „das Limit der Anlage". Wenn das Zivilrecht beim Wegfall der Geschäftsgrundlage die Vertragsanpassung verlangt, bleiben auch im Abfallrecht Geeignetheit, Erforderlichkeit und Übermaßverbot gewissenhaft zu prüfen. Für die sich beim zurückgegangenen Müllverbrennungserfordernis geradezu aufdrängende Anlagenverkleinerung braucht man dann nicht erst die Klimakatastrophe zu bemühen.

Ebenso wenig müsste man Grenzwerte vertiefen, die keiner kennt, geschweige denn versteht. Bereits der gesunde Menschenverstand genügt für die Erkenntnis, dass der status quo unangemessen, unverhältnismäßig und auch baurechtlich eher rücksichtslos ist. Vielleicht folgt dem deshalb die Einsicht der Verantwortlichen, dass man bei nachhaltiger Abfallreduzierung auch endlich die Müllverbrennung auf Sparflamme setzt.

Dr. Claus Recktenwald, Bonn

Leserbrief im General-Anzeiger vom 23./24. Februar 2008

Sparen verbindet auch beim Strom. Zwar hat ein Hamburger Nachrichtenmagazin gerade erst wieder das Thema „Kernkraft - ja bitte?" auf einem Dutzend Seiten ausgebreitet. Ist das aber wirklich noch das Thema? Die Argumente sind doch gewechselt, die Befindlichkeiten und Interessen bekannt. Ebenso ist die Einsicht verankert, dass alles, was stinkt, einem auch stinken darf, und dass Solar- und Windkraft nun einmal ohne die Risiken und Entsorgungsprobleme des Atomstroms auskommen.

So sehr uns die Kernspaltung auch spaltet, Kernfrage ist sie nicht. Die lautet vielmehr, wie schaffen wir den Einstieg in den Ausstieg? Das ist gemeinsamer Nenner und verbindet uns alle. Was wir da brauchen, ist Transparenz im Sinne eines gläsernen Stromkonsums. Darum müssen wir uns kümmern.

Kenne ich denn meine Stromverbraucher, weiß ich überhaupt, wann ich wofür wie viel Strom brauche oder vielleicht nur unbemerkt missbrauche und wie ich ihn problemlos einsparen kann? Tatsächlich ist das Einsparpotenzial gewaltig. Die im GA anklingenden 30 Prozent erscheinen realistisch. Wüssten das alle und verhielten sich auch noch danach, wäre der Einstieg geglückt. Sonnenschein können wir jederzeit umsonst haben und viel effektiver nutzbar machen. Dass der jüngste G-8-Gipfel im Land der aufgehenden Sonne stattgefunden hat, ist vielleicht zielführendes Zeichen.

Dr. Claus Recktenwald, Bonn

Leserbrief im General-Anzeiger vom 5. August 2008

Finanz- und Bankenkrise

Zugegeben, niemand braucht wirklich mehr als eine Million Euro im Jahr. Da ist es nur gut, wenn auch Josef Ackermann etwas bescheidener werden will. Einen weitergehenden Staatszwang brauchen wir aber auch nicht bei der Vorstandsvergütung. Einerseits geht es gar nicht um die mehr als 15 000 deutschen Aktiengesellschaften. Die vergüten ihre Vorstände regelmäßig mittelständisch, was faktisch eher eine Grenzziehung bei 250 000 Euro bedeutet.

Wo aber gibt es dann die allseits beschworenen „Millionenvergütungen"? Tatsächlich nur bei vielleicht 100 Topmanagern im DAX30-Bereich, die dafür Großkonzerne leiten und den Kopf hinhalten müssen. Das Wirtschaftsleben sonst wird immer noch von rund einer Million GmbHs geprägt. Wir sprechen also über eine absolute Ausnahmeerscheinung." Ein verdorbenes Ei verdirbt den Brei", mögen hier zwar viele Wähler denken. Die sind aber weder gefordert noch zuständig, es sei denn, sie kaufen sich eine Aktie und üben ihre Gesellschafterrechte in der Hauptversammlung aus. Ob die dann auf die Idee kommt, eine Satzungsänderung zu beschließen, die den Aufsichtsrat verpflichtet, einen Höchstdeckel zu vereinbaren, ist etwas ganz anderes. Darüber kann man reden.

Claus Recktenwald, Bonn

Leserbrief im General-Anzeiger vom 25./26. Oktober 2008

Erst aus Chaos entsteht Struktur

Artikel „La Bohème an der Bonner Oper"

Im General-Anzeiger steht's schon auf der Titelseite: „Mit einer Inszenierung von Puccinis 'La Bohème' machte die Bonner Oper ihr 'Freax'-Debakel gründlich vergessen". Zwar muss ich bei der von meiner Frau und mir seit Jahren abonnierten Samstags-Oper noch etwas warten, um mir mein eigenes „La Bohème"-Urteil bilden zu können. Schon jetzt weiß ich aber, dass „Freax" weder gründlich noch überhaupt vergessen werden muss. Im Gegenteil: Selten habe ich die Oper so interaktiv und persönlich erlebt wie beim letzten samstäglichen Freax-Event, bei dem allenfalls der Jesus-am-Kreuz-Darsteller im Schlingensief-Film, ansonsten aber nichts störte. Gefällige Eggert-Musik, zugegeben nicht sehr neu, sondern aus einem vertrauten Formenschatz von Klassik bis Musical entlehnt, eine recht spannende Geschichte, die durch über den gesungenen Text gesetzte Regieanweisungen eine reizvolle Projektionsfläche erhielt, sympathische Sänger, die irgendwie zum Publikum gehörten, da doch alles so „konzertant-debakelig" war und man im Übrigen intimer als sonst zusammensaß, und eine kurzweilige, durchaus erlebenswerte Pausengestaltung mit Schlingensief-Film/Performance; etwas unsicher schauenden Besuchern und gleichwohl hoher Anteilnahme. Entweder war das der Beweis, dass erst aus dem Chaos eine Struktur entsteht, oder das Debakel war in Wirklichkeit nur ein PR-Gag und Bestandteil einer perfekten und beeindruckenden Gesamtinszenierung. Jedenfalls kann sich die Bonner Oper glücklich schätzen, „Freax" im Spielplan gehabt und bemeistert zu haben.

Klaus Weise sei es gedankt, wie immer auch dem wunderbaren Chor und seiner fabelhaften Chefin Sibylle Wagner, die wir doch sonst nie als Sprecherin auf dem Wachturm erlebt hätten. Auch Christoph Schlingensief sollten wir da nicht mehr böse sein.

Dr. Claus Recktenwald, Bonn

Leserbrief im General-Anzeiger vom 27./28. Oktober 2007

Theater am Publikum vorbei

Kresniks Rundumschlag

„Das Publikum ist immer mein Feind. Wenn alle Bravo schreien, war meine Arbeit Scheiße. Wenn alle Scheiße schreien, dann habe ich auch einen Fehler gemacht." Das war am 8. Mai 2000, als „Die Welt" ein Interview mit Johann Kresnik brachte. „Am liebsten ist mir, wenn die Zuschauer über meine Arbeit diskutieren, die Türen knallen lassen, mit Eiern schmeißen. Sie sollen sich auch freuen." Letzteres fällt einem schwer, wenn Bonn als finstre Stadt und unser Generalintendant als Theaterabwickler herabgewürdigt werden.

„Ein getroffener Boxer zeichnet nicht", gilt zwar für beide Seiten. Kresnik wirkt aber klar angeschlagener, der Bonner eher betroffen, wenn er liest, wie ein fast 69-jähriger „Berserker" (so der Tanzchronist Jochen Schmidt) nicht loslassen kann, nachdem er fünf Jahre lang auch bei uns seine Art „choreografisches Theater" ausleben durfte. Das Publikum, soweit es kam, hat das durchgestanden und auch das Quäntchen Wahrheit gesucht. Das war doch nett! Uns nun vorzuwerfen, wir seien aber finster, ein Vorort von Köln und sonst nur noch Karneval, klingt dann doch undankbar und schon fast altersstarrsinnig. Finster war nur der Ansatz, das Theater am Publikum vorbei mit Pornografie, Gewalt und Düsterem leer zu spielen.

Ebenso wenig kann es uns vorgeworfen werden, im Rheinland zu sein, wo eben auch das Motto gilt, „in Geldsachen sachlich". Wenn hier ein Mann wie Klaus Weise – vermutlich mit der Faust in der Tasche – Sparzwänge nicht nur akzeptiert, sondern mit gutem Schauspiel und guter Oper meistert, dafür ein hochkarätiges Ensemble begeistert und immer noch hält, bleibt allenfalls der „Theatermacher" zu loben. Der bedient auch nicht nur die heile Bonn-Welt zwischen Raum- und Traumpolitik, sondern lässt selbst ein „Freax-Debakel" zu.

Was sonst zu Bonn zu sagen ist, steht in „The New York Times" vom 19. Juni 2008 und kann noch unter www.nytimes.com nachgelesen werden: „No Longer the Capital, but a Global Destination". Leben Sie wohl, lieber Herr Kresnik, unser Feind sind Sie nicht. Man muss aber auch gönnen können.

Dr. Claus Recktenwald, Bonn

Johann Kresnik ist Choreograf und Regisseur.

Zu den Ausführungen des scheidenden Tanztheaterchefs Kresnik wäre es – ihrer Peinlichkeit wegen – eigentlich geboten zu schweigen. In der Reihe seiner Beschimpfungsobjekte und -subjekte fehlt noch das Publikum. Das hat sich ziemlich eindeutig gegen seine Produktionen entschieden, wie die Auslastung […] zeigt. Ich maß[e] über seine Kuns[t] eine Reihe früh[er] Enthusiastinnen [Auf]führungen rasch [ver]kehrt haben. Da[ss] ge Aussage über[…] wenn es nicht h[…] teresse, sind di[e] Ja, Herr Kresnik[…] ren Vorort Köln[…] Umfeld für Ihre […]

Ernst-Georg K[…]

Leserbrief im General-Anzeiger vom 14. Juli 2008

BONN

bonn@ga-bonn.de

KOMMENTAR
Keine leichte Aufgabe

Interessante Ereignisse werfen ihre Schatten voraus. Wer wird vom kommenden Jahr an der Stadt Bonn als Oberbürgermeister(in) führen? Nach Monaten des Wartens kommt so langsam Bewegung, aber auch Spannung in das Personalkarussell, seitdem Bärbel Dieckmann ihren Rückzug angekündigt hat.

Die SPD-Spitze will mit Ernesto Harder einen 42-Jährigen ins Schilf hieven. Das ist mutig. In CDU-Kreisen denkt man über die Kandidatur des parteilosen Claus Recktenwald nach. Das ist nicht minder mutig. Wer hätte das gedacht? Die kleinere Konkurrenz setzt dagegen mit Werner Hümmrich (FDP) und Peter Finger (Grüne) auf die Hasen in der Bonner Politik. Alein bei der Bonner Stadtdirektor Volker Kregel, der den Finger heben könnte.

Egal wer kandidiert und wann Er gewählt wird, ob Frau oder Mann, ob jung oder alt, ob erfahren oder unerfahren: Die Stadt braucht eine starke Persönlichkeit, die Bonn voran bringt und die in die großen Fußstapfen von Bärbel Dieckmann treten kann. Allerseits wird keine leichte Aufgabe sein. **Rolf Kleinfeld**

Parteiloser Anwalt als OB-Kandidat im Gespräch

KOMMUNALWAHL. Helmut Stahl liebäugelt bei der Suche nach dem CDU-Bewerber mit Claus Recktenwald. „Emotional wäre das was für mich". Kregels Neigung zur Kandidatur wird immer geringer

Von **Rolf Kleinfeld**

BONN. Präsentiert die Bonner CDU erstmals einen Parteilosen als Oberbürgermeister-Kandidaten? Nach Informationen des General-Anzeigers sucht der Bonner Anwalt Claus Recktenwald (49) als möglicher Kandidat auf dem Zettel von Helmut Stahl, der die Findungskommission der CDU anführt.

„Es gibt offenbar einige Leute, die glauben, ich hätte die Fähigkeiten dazu", bestätigte Recktenwald gestern im Gespräch mit dem GA. Inzwischen kann auch er selbst sich mit der Idee anfreunden. „Emotional wäre das was für mich", sagt er. „Als Bonner Bürger, der sich nicht über die OB-Wahl ärgert, würde ich meine Pflicht erfüllen, wenn man mich darum bittet."

Wer ist der Mann, der womöglich statt Antwaltsrobe bald die OB-Amtskette tragen könnte? Recktenwald ist abseits seiner beruflichen Karriere ein gern gesehener Gast auf dem Bonner Parkett – und einer mit vielen Talenten: So verdiente er sich sein Studium als Klavierunterricht, jazzt gerne, nahm als Keyboarder in den älteren Zeiten fünf Platten mit der Bonner Band „Birdland" auf.

Tradition ist ebenso seine Sache wie Modernes: Recktenwald ist

DAS PROZEDERE

Das Verfahren der CDU bei der Aufstellung ihres Oberbürgermeister-Kandidaten ist wie folgt geplant: Die Findungskommission unter der Leitung von Helmut Stahl sucht einen oder mehrere Bewerber, die die Voraussetzungen und das Interesse für dieses Amt mitbringen. Die Bewerber stellen sich der Kommission vor, die dann eine Empfehlung abgibt. Mit diesem Votum ist der CDU-Kreisvorstand am Zug, er diskutiert und gibt ebenfalls Empfehlungen ab. Die endgültige Entscheidung, mit wem die CDU im Juni 2009 ins Rennen um die OB-Wahl geht, fällt der Parteitasis bei einer Mitgliederversammlung voraussichtlich am 18. Oktober.

seit fast 20 Jahren im „Altherrenverband" des gymnasialen Turnvereins" des Beethoven-Gymnasiums und aktiv und gleichzeitig seit zehn Jahren Gründungs-Aufsichtsratsvorsitzender des zukunftskräftigen Solarworld-Konzerns. In diesem Amt wurde der ausgewiesene Wirtschaftskenner gerade erst für weitere fünf Jahre mit 99 Prozent der Stimmen aber Aktionäre wiedergewählt.

„75 Prozent dieser Stimmen kamen nicht von der Familie Asbeck", sagt er wohlwissentlich, um damit keine falschen Schlussfolgerungen zu provozieren. Denn mit Sonnenkönig Frank Asbeck ist er seit 20 Jahren eng befreundet. „Frank ist mein Freund", sagt Recktenwald. Träte der Fall ein, dass er Oberbürgermeister Bonns würde,

Tanzt auf vielen Hochzeiten: Claus Recktenwald wird als möglicher Oberbürgermeister-Kandidat der CDU gehandelt. Der 49-jährige Bonner ist parteilos. Das Foto zeigt ihn mit seiner Susanne Ende April. FOTO: FROMMANN

ließe der 49-Jährige seine Tätigkeit als Anwalt und Rechtsanstand Asbecks ruhen – „selbstverständlich", sagt er. Seine Aufsichtsrats-Kontrollposten aber will er weiter ausüben.

Recktenwald könnte sich vorstellen, dass er die Stadt unternehmerisch führen könne, auch wenn er politisch als eher unerfahren gilt und einen starken Partner beim Führen der Stadtverwaltung bräuchte.

Die CDU-Protagonisten halten sich wie gehabt noch zurück. „Die Findungskommission wird dem Kreisvorstand einen Vorschlag unterbreiten und nicht den Medien",

sagte Stahl gestern und blieb damit seiner Linie treu. Ebenso, wie Stadtdirektor Volker Kregel, der immer wieder als CDU-Kandidat gehandelt wird, dessen Bereitschaft dazu aber dem Vernehmen nach immer geringer zu werden scheint. „Wenn überhaupt, erklärt ich mich gegenüber der Findungskommission", meinte Kregel gestern.

Stahl sei gleichwohl optimistisch, „dass wir wirklich gute und qualifizierte Persönlichkeiten empfehlen können". Auf Recktenwald angesprochen, sagt die CDU-Mann: „Das ist ein honoriger Mensch. Aber das sind auch andere, über die spekuliert wird."

ZUR PERSON

Claus Recktenwald (49) ist in Bonn geboren und aufgewachsen. Nach dem Besuch der Ennertschule in Beuel und dem Beethoven-Gymnasium sowie dem Grundwehrdienst machte er zunächst eine Lehre bei der Dresdner Bank, bevor er ab 1980 Jura in Freiburg und Bonn studierte. Als Repetitor befasste er sich öffentliches Recht, seine Doktorarbeit schrieb er über ein konzernrechtliches Thema. Recktenwald, dessen Vater Senatspräsident des Oberlandesgerichts Köln war, arbeitet seit 1990 als Anwalt in einer Bonner Sozietät, mit Schwerpunkt Bau-, Konzern- und Wirtschaftsrecht. Seit 1993 ist er im Vorstand des Bonner Anwaltvereins, dessen Vorsitz er seit drei Jahren bekleidet. Er sitzt in mehreren Kontrollgremien deutscher Firmen, unter anderem als Aufsichtsratsvorsitzender der Solarworld AG. Recktenwald ist verheiratet mit Susanne Herweg (44). Ministerialrätin beim Kulturbeauftragten der Bundesregierung in Bonn. kl

---

BONN
Parteiloser Anwalt als OB-Kandidat?

Bonner CDU-Kreise denken über die Kandidatur des parteilosen Anwalts Claus Recktenwald für das Oberbürgermeister-Amt nach. Der 49-Jährige ist nicht abgeneigt, die Aufgabe zu übernehmen. „Emotional wäre das was für mich", sagte er.

General-Anzeiger vom 19. August 2008

Viel Zuspruch für Recktenwald

KANDIDATUR Nur die Kommunalpolitik hält sich noch bedeckt

BONN. Für Claus Recktenwald war es gestern ein aufregender Tag. Nachdem der General-Anzeiger berichtet hatte, dass der 49 Jahre alte Rechtsanwalt als möglicher Kandidat auf der Liste der CDU für den Oberbürgermeister-Posten in Bonn steht, war sein Handy im Dauerbetrieb. Morgens ab 7 Uhr kamen die ersten Kurzmitteilungen, Anrufe von Freunden und freundliche E-Mails bei dem parteilosen Bonner an. In Juristenkreisen war Recktenwald Tagesgespräch.

„Mir schlägt wilde Begeisterung entgegen", beschreibe er die Reaktion von Freunden und Bekannten. Auch die Medien haben den Anwalt für sich entdeckt, mehrere Interview-Wünsche gingen bei ihm ein. „Ich kriege im Moment aber die Stimmung in Bonn nicht mit", berichtete er aus Berlin, wo er sich noch bis heute beruflich aufhält. Auch danach wird er nicht lange Bonner Luft schnuppern können, denn ab Samstag tritt er einen Kurzurlaub in Italien an.

Im kommunalpolitischen Bonn blieb es gestern weitgehend ruhig. Die Nachricht von Recktenwalds möglicher Kandidatur für die CDU wurde zur Kenntnis genommen, aber aus dem Umfeld des Rathauses und der Parteien nicht kommentiert. „Das werte ich als gute Nachricht", sagte Recktenwald. kf

Im Gespräch: Claus Recktenwald *hat gut lachen.* FOTO: FROMMANN

General-Anzeiger vom 20. August 2008

Mehr Fingerspitzengefühl

Die mögliche Oberbürgermeister-Kandidatur von Claus Recktenwald, Berichte vom 19. und 20. August

Als ich den Artikel über den möglichen CDU Kandidaten für das Amt des Oberbürgermeisters der Stadt Bonn gelesen hatte, musste ich mich doch sehr wundern.

Es ist für mich unverständlich, wie ein ausgebildeter, in der Praxis tätiger Jurist mit einer Selbstverständlichkeit von der Tatsache ausgeht, dass er als Oberbürgermeister seine Tätigkeit als Aufsichtsratsvorsitzender der Solarworld AG weiter ausüben könne. Als Jurist sollte ihm doch wohl bewusst sein, dass eine solche Nebentätigkeit genehmigungsbedürftig ist.

Mit welcher Selbstverständlichkeit er offensichtlich davon ausgeht, dass der Aufsichtsratsvorsitz ihn nicht in Widerstreit mit seinen dienstlichen Pflichten bringen und darüber seine Unbefangenheit und Unparteilichkeit nicht beeinflussen kann, verschlägt mir die Sprache.

Gerade bei der anhaltenden öffentlichen Diskussion um Transparenz zwischen öffentlichem Mandat und privatwirtschaftlichen Interessen hätte ich bei einem möglichen Kandidaten um das höchste politische Mandat der Stadt Bonn mehr Fingerspitzengefühl erwartet.

Fenja Wittneven-Welter,
Bonn

Leserbrief im General-Anzeiger vom 1. September 2008

OB-Wahl 2009: Strippenzieher und Quertreiber
Der Kandidaten-Stadl

Von CHRISTOF ERNST

Bonn – Klatschmarsch und hoch die Tassen: Hereinspaziert in den Bonner Kandidaten-Stadl. Die Kür der Oberbürgermeister-Anwärter ist unterhaltsam, intrigant und voller Stolperfallen.

Den Anfang macht die SPD. Ihr gelingt es mühelos, auf Ortsebene den Eindruck der Bundespartei zu kopieren: Sie ist zerstritten und trägt Personaldebatten in aller Öffentlichkeit aus.

Dabei schien alles klar.

Nachdem Bärbel Dieckmann eine erneute Kandidatur bei der OB-Wahl 2009 ausschloss, wurde der gerade mal 30 Jahre alte Ortsvereinsvorsitzende Ernesto Harder als Kandidat genannt – auch zum Erstaunen der eigenen Partei.

Ernesto wer? Es regte sich Unmut. Zum Beispiel bei Martin Schilling (54). Der Bonner Genosse und Stadtrat machte sich zur Ein-Mann-Findungskommission. Am Montag will er seinen Gegenkandidaten präsentieren. Dafür soll er abgestraft werden: Am Samstag, wenn die SPD ihre Liste für die Stadtratswahl festlegt, soll Schilling, wie EXPRESS erfuhr, nach hinten durchgereicht werden. Doch er bleibt standhaft. Schilling zu Harder: „Jeder, der mich kennt, weiß, dass dies nicht funktioniert."

Der SPD-Bundestagsabgeordnete Ulrich Kelber (40), der für Harder votiert, ist genervt. Dem EXPRESS sagte er: „Interne Personaldiskussionen kommentiere ich nicht. Und die SPD wäre gut beraten, wenn sich jeder daran halten würde."

Ein klarer Seitenhieb gegen Martin Schilling: Der hatte seine Kandidatensuche in aller Öffentlichkeit ausgetragen.

Dennoch: Die Genossen haben noch Glück, denn der Bonner CDU ergeht es kaum besser. Wunschkandidat Nr. 1, Stadtdirektor Volker Kregel, will nicht. Er sagt angesichts des OB-Stressjobs: „Es gibt ein Leben vor dem Tod."

Kandidat Nr. 2, der parteilose Rechtsanwalt Claus Recktenwald, will, darf aber nicht, da sei Angela Merkel vor. Nach EXPRESS-Informationen hat die Kanzlerin interveniert: Der Kandidat muss CDU-Mitglied sein. Findungskommissions-Chef Helmut Stahl (61) meinte aber zum EXPRESS: „Eine Einflussnahme von außen hat nicht stattgefunden." Nun wird erneut Benedikt Hauser (44) als Aspirant genannt. Nächste Woche will die Kommission ihren Kandidaten benennen.

Solange geht's munter weiter im Bonner Kandidaten-Stadl.

1 SPD-Ratsherr Martin Schilling machte sich selbst zur Ein-Mann-Findungskommission.

2 MdL und Fraktionschef im Landtag Helmut Stahl sucht offiziell den Kandidaten der CDU.

3 Der Bonner Fraktionschef Benedikt Hauser ist noch im Rennen um die CDU-Kandidatur.

4 Kanzlerin Angela Merkel intervenierte: Wollte auf jeden Fall ein CDU-Mitglied als Kandidaten.

5 Der junge SPD-Chef Ernesto Harder wurde von OB Bärbel Dieckmann vorgeschlagen.

6 Der SPD-Bundestagsabgeordnete Uli Kelber will keine öffentlichen Personaldiskussionen.

Brachte den Stadl mit ihrem Rückzug erst Richtig in Schwung: OB Bärbel Dieckmann

Bonner EXPRESS vom 3. September 2008

KOMMENTAR

Die Show gestohlen

Pech, aber so kann's gehen. Da macht die CDU lange ein großes Geheimnis aus ihrem Oberbürgermeister-Kandidaten, als würde es um die Formel des ewigen Lebens gehen. Noch nicht einmal dem internen Findungskreis wurde der Name bis gestern offiziell genannt.

Und dann springt die SPD plötzlich in die Lücke und stiehlt dem politischen Gegner die Show, indem sie plötzlich den Beueler Schuldirektor Jürgen Nimptsch als ihren OB-Kandidaten präsentiert. Das ist einer, der noch dazu in Bonn bekannt ist wie ein bunter Hund, während die CDU mit einem Nobody aufwartet. Christian Dürig? Aus Meckenheim? Nie gehört, das werden auch viele CDU-Amtsträger zugeben müssen.

Das alles ist Künstlerpech für Helmut Stahl, der im Alleingang agierte und seine Findungs-Kommission zu einer Abnick-Kommission degradierte. Aber auch für ihn wuchsen die Kandidaten nicht auf den Bäumen.

Die SPD dagegen hat mit dem Überraschungscoup ihre Wahlchancen für den OB-Posten deutlich verbessert. Nimptsch ist eben nicht erst 30 Jahre alt, wie der zuerst präsentierte Ernesto Harder, sondern 54. Dass der Parteichef Harder den Nachteil seiner Jugend erkannt hat und auf die Kandidatur verzichtet, ehrt ihn und wird ihm Respekt einbringen. Allerdings ist er jetzt wieder ein Leichtgewicht.

Rolf Kleinfeld

Zwei neue Kandidaten für OB-Wahl

BONN. Die Findungskommission der Bonner CDU und die SPD der Bundesstadt haben gestern ihren jeweiligen Kandidaten für die Wahl des Oberbürgermeisters präsentiert. Während die SPD überraschend den Beueler Gesamtschul-Leiter Jürgen Nimptsch nannte, stellte die Union den Meckenheimer Christian Dürig vor, der bei der Post AG arbeitet. Dürig, 1997 bis 1998 unter Helmut Kohl Bundesgeschäftsführer der CDU, muss noch die Nominierung durch die Mitgliederversammlung Ende November abwarten.

Den Weg für Nimptsch bereitete Ernesto Harder, Vorsitzender der Bonner SPD. Er verzichtete auf die Kandidatur. Der 54-jährige Lehrer Nimptsch hat sich auch als Gewerkschafter und Bildungspolitiker über Bonn hinaus einen Namen gemacht. kf/lis

STIMMEN ZU DEN KANDIDATEN

■ „Christian Dürig ist erfahren, solide, hat Wurzeln in Bonn, steht mit beiden Beinen in der CDU und kann eine Verwaltung führen. Kurzum, er ist gut für Bonn."
Helmut Stahl (CDU)

■ „Jürgen Nimptsch ist ein hervorragender Kandidat. Er passt zu den zentralen Themen Bonns. Ich bin sicher, dass sich die SPD breit hinter ihn stellen wird und er auch viele andere hinter sich versammeln kann. Ernesto Harder hat eine herausragende Leistung vollbracht, indem er auf eigene politische Möglichkeiten verzichtet."
Ulrich Kelber (MdB, SPD)

■ „Diese Kandidatenkür von CDU und SPD ist ein einziges Trauerspiel. Es ist schon bemerkenswert, wie viele und welche Personen von beiden Parteien immer wieder aufs Neue in den Bilderrahmen gestellt und dann wieder herausgenommen werden. Dieses Spiel ist der Bedeutung des Amtes nicht würdig und angemessen."
Werner Hümmrich (OB-Kandidat der FDP)

■ „Es hat Spaß gemacht, das »Wir sind Oberbürgermeister«-Gefühl zu empfinden. Das Schlimmste, was mir widerfahren könnte, wäre, entweder im für mich schönsten Beruf der Welt als Anwalt weiterzumachen oder dem Urteil der Geburtsstadt als Oberbürgermeister zu folgen. Neudeutsch heißt das wohl „win-win"-Situation."
Claus Recktenwald (parteiloser Anwalt und im Vorfeld als CDU-Kandidat gehandelt)

■ „Jürgen Nimptsch ist ein ernsthafter und profilierter Kandidat. Ich als Schulpolitikerin erhoffe mir, dass er uns jetzt in der Forderung nach einer vierten Gesamtschule unterstützt. Allerdings sehe ich es kritisch, ob er als OB geeignet wäre. Immerhin fehlt ihm kommunalpolitische Erfahrung.

Die hat dagegen unser Grü[ner] Bürgermeister Peter Finger Genüge. Mit ihm als OB-Kand[ida]ten brauchen wir uns nicht zu stecken."
Dorothee Paß-Weing (Grünen-Ratsfrakti[on])

■ „Ich bin der vollen Über[zeu]gung, dass unser Kandidat Ch[ris]tian Dürig die Aufgaben ei[nes] Oberbürgermeisters exzellent füllen wird. Er bringt viel Ber[ufs]- und Lebenserfahrung mit. [Die] Nominierung Jürgen Nimpt[schs] hat mich schon sehr überras[cht.] Ich bin geradezu perplex, [das] ganze Bewerberverfahren bei

General-Anzeiger vom 10. September 2008

Harder verzichtet auf OB-Kandidatur

CDU schlägt Meckenheimer Stadtverbandschef Christian Dürig vor – SPD für Jürgen Nimptsch

Von UTA KRISTINA MAUL

BONN. Eine handfeste Überraschung hatte gestern Nachmittag der Bonner SPD-Chef Ernesto Harder parat. In einer Rundmail an alle „Genossinnen und Genossen" teilte er seinen Verzicht auf eine Oberbürgermeisterkandidatur im Wahlkampf 2009 mit. Statt seiner schlägt er den Direktor der Integrierten Gesamtschule Beuel, Jürgen Nimptsch, als OB-Kandidaten vor. Dieser sollte sich gestern Abend, nach Redaktionsschluss dieser Ausgabe, beim Parteivorstand vorstellen.

Auch die Christdemokraten zauberten gestern einen OB-Kandidaten aus dem Hut. Die Findungskommission schlägt der Basis einstimmig den Meckenheimer CDU-Stadtverbandsvorsitzenden Christian Dürig vor. Er sei solide, erfahren und sympathisch", sagte der Kommissionsvorsitzende, der Bonner CDU-Landtagsabgeordnete und Landtagsfraktionschef Helmut Stahl, zur Rundschau. Dürig ist bei der Post „groß" geworden, arbeitete als Leiter der Zentralabteilung im Postministerium und ist noch heute bei der Post AG beschäftigt. Zu seinen politischen Stationen gehört unter anderem die Tätigkeit als Bundesgeschäftsführer der CDU.

Als OB Bärbel Dieckmann (SPD) vor etwa einem Monat ihren Verzicht auf eine vierte Kandidatur verkündete, schlug sie gemeinsam mit Ratsfraktionschef Wilfried Klein und den Bonner Abgeordneten Ulrich Kelber (Bundestag) und Renate Hendricks (Landtag) Harder als Spitzenkandidaten ihrer Partei für die Kommunalwahl 2009 vor.

mail schreibt. Dies bedeute aber nicht, dass jemand, der älter ist, nicht besser geeignet ist". Daher, so Harder, werde ich mich nicht bewerben". Vielmehr sei er froh, mit Jürgen Nimptsch einen Kandidaten vorschlagen zu können, „der zentrale Themen gut verkörpert". Er selbst, Harder, werde als Parteichef und Stadtverordneter „mit viel Freude und Temperament" weiter Politik machen.

Ob Nimptsch tatsächlich OB-Kandidat der Genossen wird, entscheidet die Basis bei einer Mitgliederversammlung am 22. November. Bis dahin können sich auch andere Interessenten bei der Bewerbungskommission melden, die Bundestagsabgeordnete Kelber leitet. Dieser hält allerdings Nimptsch für eine „hervorragende Wahl"; der Mann könne ein „breites politisches Spektrum" auch über die SPD hinaus hinter sich versammeln. Dem jungen Harder rechnet Kelber es als „herausragende politische Leistung" an, einen geeigneteren Bewerber vorzuschlagen und dafür „eigene politische Möglichkeiten zurückzustellen".

Stundenlang beriet gestern

Der junge Harder will als Parteichef weitermachen

Der 30-Jährige nahm die Herausforderung an, musste sich aber in den Wochen danach neben „viel Solidarität und Unterstützung" (Harder) auch Kritik gerade an seinem Alter anhören. Er sei zu jung und untauglich für den Job.

Zwar ist der Parteichef und Ratsherr davon überzeugt, in seinem Alter „jede Herausforderung" stemmen zu können, „wenn man bereit ist, hinzuzulernen und sich weiterzuentwickeln", wie er in der Rund-

Ist der „Auserwählte" der Genossen: Jürgen Nimptsch.

Soll die Bonner CDU in den Wahlkampf führen: Christian Dürig.

die CDU-Findungskommission hinter verschlossenen Türen im Kessenicher CDU-Haus über einen möglichen OB-Kandidaten. Die Wahl fiel auf Dürig, der sich dort auch vorstellte. Anschließend – wollte die Kommission ihren Vorschlag im Universitäts-Club dem Kreis- und dem Ratsfraktionsvorstand schmackhaft ma-

chen, bevor die Basis bei einer Mitgliederversammlung Ende November ihren Kandidaten endgültig nominiert.

Mit dem gestrigen Vorschlag der CDU, der nach Informationen der Rundschau im Wesentlichen auf Betreiben Stahls zustande kam, gehen wochenlange Spekulationen zu Ende. Alle möglichen Namen waren in der Partei ge-

handelt worden – von Stadtdirektor Volker Kregel (CDU) über Rechtsanwalt Claus Recktenwald (parteilos) bis hin zu amtierenden und früheren Staatssekretären.

Der Bonner Stadtdirektor Volker Kregel hätte ohnehin nicht für den OB-Posten zur Verfügung gestanden. Nach längerem Überlegen – immerhin war mit dem Kandidatenverzicht seiner Chefin Dieckmann eine neue Situation entstanden – ließ Kregel in einer persönlichen Erklärung wissen: „Im Juni dieses Jahres habe ich erklärt, dass ich unter den gegebenen Bedingungen nicht für eine Kandidatur zur Verfügung stehe. Für mich hat sich daran nichts vor nichts geändert". Gern aber werde er „sachlich fachliche und menschenname Verwaltungsarbeit mit ganzer Kraft und vollem Zeitaufwand" fortsetzen.

Recktenwald hingegen würde sich „in die Pflicht nehmen lassen, wenn ich als Kandidat nominiert würde". Der 49 Jahre alte Rechtsanwalt ist unter anderem Vorsitzender des Bonner Anwaltsvereins und Aufsichtsratschef der Solarparc AG, Solar World AG und Solarparc AG.

Bonner Rundschau vom 10. September 2008

**Artikel „Eine Stadt wie Bonn"
vom 27. Januar**

Zugegeben, bei der Mäuseorden-Verleihung haben sich weder sein Laudator noch Klaus Weise selbst an das Büttenreden-Schema ihrer Vorgänger Hauschild und Zemlin gehalten. Das war dem einen oder anderen dann vielleicht zu anstrengend. Es blieb jedoch rheinisch-charmant und wurde nur noch ironisch-brillant. Wie witzig, zu „Freude.Joy.Joie.Bonn" noch „Freudenstadt" als Partnergemeinde vorzuschlagen.

Im Ernst: Seltener hat sich ein Generalintendant, gerade zur Überschrift „Mäuse", so einfühlsam und weitsichtig geäußert. Das war einfach nur „teuflisch gut", der Applaus übrigens der längste der gesamten Veranstaltung. „Stocksauer" könnte man da allenfalls über den vorzeitigen Abgang der OB sein. Bonn Alaaf!
Claus Recktenwald, Bonn

Leserbrief im General-Anzeiger vom 9. Februar 2009

Ein jecker Prozess und närrische OB-Kandidaten

■ Einen karnevalistischen Fall musste Landgerichtspräsident **Kurt Pillmann** gestern als Vorsitzender des eigens einberufenen 1. Bonner Mediationssenats verhandeln: **Claus Recktenwald**, der Vorsitzende des Bonner Anwaltvereins, hatte für seine Mandantin Bonna **Miriam I.** gefordert, das Prinzenpaar aufzulösen. Der Grund: „Die Bonna will ins Kölner Dreigestirn." Es sei schließlich an der Zeit, dass die Jungfrau auch eine 'echte Frau sei. Dafür kommt

Jeck im Gericht: Claus Recktenwald und seine Mandantin Bonna **Miriam I.**

laut Recktenwald nur „ein lecker Mädche" in Betracht: Miriam I.. Doch Festausschusspräsident **Horst Bachmann** und Prinzenführer **Christoph Arnold** protestierten entschieden gegen diesen jecken Antrag. Schließlich „wäre uns dann unser Sonnenschein genommen", so Bachmann. Nachdem der karnevalistische Senat zu dem Schluss gelangte, „dass nur das ganze Prinzenpaar den Bonner Jecken etwas gilt", führte Pillmann Prinz Ralf I. und Bonna Miriam bei einem Bier wieder zusammen, damit sie „gemeinsam bei den Bonner Bürgern gute Stimmung verbreiten". jeo

■ Am Abend eines langen Tages besuchten **Prinz Ralf I.** und **Bonna Miriam I.** gestern noch das Dorint-Hotel auf dem Venusberg mit dessen Direktorin **Heike Reinhart**. Doch nicht etwa, um sich dort auszuruhen. Mit den Oberbürgermeister-Kandidaten **Bernhard Wimmer** (Bürgerbund Bonn), **Peter Finger** (Grüne), **Jürgen Nimptsch** (SPD), **Werner Hümmrich** (FDP) und **Christian Dürig** (CDU) traf man sich zum närrisch-politischen Spitzengespräch. Dabei stellte sich heraus, dass das Prinzenpaar mit den Politikern durchaus einiges gemeinsam hat. Zum Beispiel vor großen Menschenmassen sprechen, wie Prinz Ralf I. bemerkte. Allerdings hätten die Tollitäten einen entscheidenden Vorteil, führte er weiter aus: „Wir sind erst gewählt worden und hatten dann viele Auftritte, bei Politikern ist es andersherum". meu

■ Zu Tränen gerührt war Elferratmitglied **Christian Faßbender**, als ihn Ralf I. und Bonna **Miriam I.** gestern bei der Seniorensitzung der Karnevalsgesellschaft Wiesse Müüs mit dem Prinzenorden ehrten. Doch die Rührung wich schon bald größer Begeisterung, und die mehr als 200 bunt kostümierten Senioren im Hotel Hilton verab-

General-Anzeiger vom 12. Februar 2009

Aus Düsseldorf gesteuert

Als sich die CDU von Fritz Schramma distanziert, kündigt der Kölner OB an, zur Wahl nicht wieder anzutreten

Von unserem Korrespondenten Jürgen Zurheide

KÖLN. Als die Zahlen in der Düsseldorfer Staatskanzlei ankamen, war das Schicksal von Fritz Schramma besiegelt. Bei der Kommunalwahl im Spätsommer, so hatten die Demoskopen in einer repräsentativen Umfrage herausgefunden, müsste sogar der CDU mit dem amtierenden Oberbürgermeister an der Spitze auf eine krachende Niederlage einstellen. Gerade einmal 37 Prozent der Wahlbürger in der Domstadt hätten angegeben, sich bei der Wahl für das Stadtoberhaupt aussprechen zu wollen.

Sein von Grünen und Sozialdemokraten gemeinsam getragener Gegenkandidat Jürgen Roters dürfte dagegen mit 50 Prozent der Stimmen rechnen, sagten die Wahlforscher voraus. Das würde das sichere Ende der inzwischen zehn Jahre währenden CDU-Vorherrschaft im einstmals roten Köln bedeuten, und genau so ein Signal möchte Ministerpräsident Jürgen Rüttgers neun Monate vor der Landtagswahl auf jeden Fall verhindern.

Bei der Demontage von Schramma trat Rüttgers nicht persönlich in Erscheinung. Für die notwendigen Störgeräusche sorgten die Büchsenspanner aus der Staatskanzlei und der CDU-Parteizentrale in Düsseldorf. Mal wurde souffliert, Schrammas Krisenmanagement seit dem Amoklauf sei katastrophal, dann wieder wurde aus den eigenen Reihen kolportiert, der erste Bürger der Millionenstadt am Rhein sei eben kein Verwaltungsfachmann und deshalb mit der Angelegenheit überfordert.

Bis Freitagnachmittag kamen alle diese Zitate bei Journalisten zwar an, wurden allerdings mit den Hinweis garniert, die Zitatgeber dürften nicht namentlich genannt werden. Das war die erste Stufe, um Schramma zur Aufgabe zu bewegen.

Die zweite Phase dieser aus Düsseldorf gesteuerten Kampagne gegen den eigenen Mann eröffnete dann ausgerechnet einer, der zu diesem Zeitpunkt noch als möglicher Nachfolger galt: der Adenauer-Enkel Konrad. Er gab Schramma öffentlich den Hinweis, dass seine Zeit abgelaufen sei und er, werde die CDU eine weitere Niederlage vermeiden, die Konsequenzen ziehen müsse. Als der Oberbürgermeister diesen Satz am Samstag in einer Lokalzeitung las, wurde ihm klar, dass er nur noch ein Kandidat auf Abruf war. Schnell zog er die Konsequenzen. In weniger als 24

Stunden entschied sich Schramma zu einer letzten Offensive.

Am frühen Sonntagmorgen sickerte in Köln durch, dass er bereit sein würde, die weiteren Ambitionen aufzugeben. Gegen 14 Uhr trat er vor die Journalisten, die zu diesem Zeitpunkt schon wussten, dass er sich geschlagen geben wollte. In einer längeren Erklärung ließ er noch einmal spüren, wie schwer ihm der Verzicht fällt: „Köln ist mein Traumjob".

Abschied auf Raten: Oberbürgermeister Fritz Schramma gestern mit seiner Frau Ulla.
FOTO: DDP

Schluss Parteisoldat und machte seinen Verzicht auf die erneute Kandidatur ausschließlich am politischen Gegner fest, der den Anschweinsturz in den Oakikampf hineingezogen habe. „Offensichtlich ist vielen der Wahlausgang wichtiger als das langfristige Wohl unserer Stadt. Offensichtlich gibt es viele, die kein Tabus kennen", sagte Schramma.

Sowohl Grüne als auch die SPD ließen sich davon allerdings nicht beeindrucken und verwiesen kühl auf die Sätze von Konrad Adenauer, der seine Bereitschaft zur Kan-

zug bereit gewesen wäre. Gestern Abend allerdings kündigte Adenauer an, doch nicht antreten zu wollen. Auch CDU/CSU-Bundestagsfraktionsvize Wolfgang Bosbach lehnte ein Angebot der Kölner CDU ab, er wolle weiter im Bundestag arbeiten, sagte er.

Recht reserviert fiel der politische Nachruf aus der Düsseldorfer Staatskanzlei gestern aus: „In der Amtszeit von Fritz Schramma hat sich Köln sehr zu seinem Vorteil verändert", teilte sein Parteifreund Jürgen Rüttgers mit und fügte hinzu: „Selbst wenn es in

General-Anzeiger vom 30. März 2009